デイビッド・T・ジョンソン David T. Johnson
平山真理 Mari Hirayama
福来　寛 Hiroshi Fukurai

# 検察審査会

## ——日本の刑事司法を変えるか

Eurus Notus Boreas Zephyrus



岩波新書
1923

# 謝　辞

本書の共著者は、多くの方々の協力と助言を得たが、そのなかでもとくに四宮啓、西村健、竹田昌弘、川﨑英明、佐々木邦の各氏に感謝したい。大変お世話になった。また、名前は伏せておくが、元検察官の方々にも感謝を捧げたい。彼らはこの本の内容のすべてに賛成しているわけではないが、彼らからの助言のお蔭でこの本はよいものになった。

# 序　文

日本の検察審査会は世界でも類を見ない独特な機関である。戦後の占領下に日本とアメリカの政府関係者の妥協の結果、創設された。11人の市民で構成されるこの組織の主な任務は、プロの検察官が下した不起訴処分を検証し、事件の再捜査及び起訴すべきかを決定することである。検察審査会には、検察の政策や実務を改善するための提案を行う権限もある。検察官は、原則として公訴権限を独占しており、人々の生命、自由、名誉を支配する絶大な権力を持っている。従って、これら検察官の業務をチェックする検察審査会の権限の行使は、市民の重要な任務でもある。

検察審査会は、日本の刑事司法制度のもう一つの市民参加の形態である裁判員制度に比べ、あまり認知されていない。しかし、検察審査会は日本の刑事司法の重要な「門番」であり、あらゆる種類の犯罪の不起訴処分を審査することができる。ある意味では裁判員制度より検察審査会の方が社会的に重要であると言える。

本書の主な目的は、検察審査会がなぜ重要なのか、どのように運用されているのか、その影響は何かを説明するものである。数年前にこのテーマの研究を始めたとき、私たちは、多くの研究者が主張していた様に、検察審査会は日本の刑事司法において光り輝く存在ではあるが、その一方でそれは取るに足らない装飾品の輝きであるとも考えていた。しかし、研究が進むにつれ、検察審査会が果たす重要な機能を理解するようになった。また、性犯罪者やホワイトカラー犯罪者（定義等については本文で詳述）などのように刑事責任追及が難しく、被害者保護や犯罪の抑止、民主主義が十分に発揮できない分野での刑事司法の質を、さらに向上させる重要な可能性を検察審査会が持つことも見えてきた。

検察審査会はいくつかの重要な影響を持つ。多くの事件で、検察審査会は検察官の不起訴処分を審査し、検察の不起訴をそのまま相当（つまり、「不起訴相当」）と認めることで日本の刑事司法の正当性を高めることに貢献してきた。これを「保守的」だと批判する人もいるが、正当性のない起訴権の行使は危険な権力の濫用であり、人々の支持も、刑事司法権の行使による有効的な効果も期待できない。

検察審査会はまた、検察官の判断に異議を唱え、変化を与えるのである。検察審査会が検察官が不起訴にした事件を再捜査し、または起訴を促して事件を「検審バック（差し戻し）」すると、検察は約4分の1の割合で不起訴の処分を起訴に変更する。この割合が高いか低いかについては議論の余地があるが、検察審査会が日本の検察官の意思決定に影響を与えていることを裏付ける証拠でもある。また、検察審査会は検察の意思決定を先制的に形成させる可能性も持つ。数値的な実証は難しいが、検察審査会の影響の中でも最も重要なものであると言えよう。これは、検察審査会の存在を意識して活動している検察官が、検察審査会の審査や世間の批判を回避するために起訴決定したり、事件が再審査に回され組織内で発生する官僚的な煩わしさを回避するために起訴決定したりする場合に生じるからだ。検審バックや検察審査会という存在が有する「無形の圧力」は、刑事訴追に対する民間人の影響から生じるものだ。このように検察審査会は刑事訴追をより民主的なものにしているが、その行為は過剰な起訴や不当な有罪判決のリスクも生み出す可能性も持つ。本書は、これらのリスクを軽減することを目的とした改革案についても説明している。

２００９年に施行された検察審査会法の改正は、同一事件で2回、起訴すべきであると判断した場合、検察審査会が強制的に起訴して、検察官の不起訴判断を覆すことを可能にした。この権限は、歓迎されると同時に、批判の対象にもなった。しかし検察審査会は、改革の支持者が期待したほど、あるいは改革の批判者が懸念したほど、この権限を行使していない。実際、過去12年間で強制起訴されたケースは僅か10件である。そして検察審査会への世論やメディアの関心はほとんどこれらのケースに集中している。最も注目されたケースでは、2011年3月11日の地震と津波後に、福島で起きた原子力発電所のメルトダウンで、業務上過失により死傷者を出したとして、東京電力の元幹部3人が強制起訴された。この3被告人は第一審の刑事裁判で全員無罪となり、他の強制起訴対象者のほとんども裁判で無罪となった。

これらの無罪判決は、検察の不起訴判断の正当性を証明しており、検察審査会の強制起訴はやりすぎだとする見方もある。多くの検察官も同様な立場をとっている。しかし、本書では、無罪判決が出たからといって、検察審査会による起訴判断が間違っていたことにはならない点を示すつもりである。東京電力に対する捜査と裁判は、これまで隠蔽されてきた事実を明らかにし、福島原発メルトダウンに関する重要な真実を暴露したことで、大きな成果を上げた。同時に、東京電力に対する起訴をはじめとする強制起訴のケースは、「ホワイトカラー犯罪では刑事司法が失敗することが多い」という一般的な真実を示している。多くの犯罪学者が信じているように、ホワイトカラー犯罪が現代社会の最も重要な犯罪問題の一つであるとすれば、この認識は刑事司法の改革に繫がるはずだ。最終的に、本書では、検察審査会は検察官の不起訴処分をチェックし、コントロールすることができるが、刑事司法の政策と実務を変えるには時間がかかるであろうこと、しかしそれは大切なプロセスだということを伝えたい。

本書は筆者らの共同研究によるものである。筆者間の議論を経てそれぞれが作成した草稿を基に、筆頭筆者であるジョンソンがまず執筆したものを、筆者らの間でさらに相互に加筆修正したものである。

検察審査会制度はこれまであまり研究されておらず、評価もされてこなかった。この本が「軽視されてきた」テーマについての研究を促進することを願っている。そして、この本によって他の人たちが、さらにもっと先を見通せればと願っている。例えば私たちが執筆中にそうだったように、この本を読んでいるうちに考えが変わる読者がいれば、それはとてもよいことだと断言したい。

# 目次

# 第1章　検察官と検察審査会

## 刑事司法における市民参加

検察官は個人の生命、自由そして名誉に対して大きな支配力を持っている。検察官は人々の自由や心の平穏も奪うことができる。検察官は個人の履歴や名誉を汚すこともできる。検察官は個人の雇用や暮らし全般にも影響力を及ぼす。検察官は人々から家族を引き離すこともできるし、そもそも家族を作ろうとすることさえできなくさせることもできる。検察官は被疑者を逮捕し、捜査を行い、そして裁判では証拠を提出することができる。そして最も根本的なこととして、検察官は事件を起訴するかしないかを決めることができるのだ。このことは重要である。なぜなら検察官がどの事件を起訴するかを決めるとき、検察官は誰を被告人にするかを選んでいるとも言えるからである。

日本においては検察官の権力と裁量は強大であり、そのため日本の刑事司法はしばしば、「検察官司法」と呼ばれる。アメリカの検察官もまた強大な権力を有しているが、いくつかの点においては、アメリカと比べても日本の検察官の権力の方がより強大であると言えよう。アメリカの検察官と違い、日本の検察官は日常的に捜査や取調べを行っているし、無罪判決に対して上訴もできる。日本の検察官は起訴の権限をほぼ完全に独占しており、どれほど事件が深刻であっても、そして確実な証拠があったとしても、起訴を猶予する権限も有しているのだ。これに対して、アメリカの検察官は起訴権限やその責任を他の人々や機関と共有している。これらには、例えば警察（いくつかの地方部の州司法管轄区では、とくに軽微な事件の場合にはこれがあてはまる）、市民（私人訴追が法律で認められている州もある）、裁判官（予備審問制度がある）、そして大陪審（正式起訴を行う）が挙げられる。つまり、こうやって比べてみると、日本の検察官の権限は広大だと言えよう。

日本の検察官は起訴を慎重に行う傾向にある。検察官は「有罪判決が得られる高度の見込み」があるときにのみ起訴することが要求されるという、保守的な起訴方針を守っているのである。この「裁判で確実に有罪となるときのみ起訴する方針」の帰結はよく知られているように、日本の刑事裁判の有罪率が１００％に近く、無罪率は０％に近い、というところに表れている①。

日本における起訴制度の保守性は、検察官が頻繁に「起訴猶予」を選択するということにも表れている。刑事訴訟法２４８条のもとでは、検察官はたとえ有罪にするために十分な証拠があると確信する場合であっても、被疑者の更生や社会の利益等に照らして考えた結果、起訴が

表1-1　検察庁終局受理人員総数の処理区分別構成比（2020年）

| 処理区分別 | 被疑者の占める割合(%) |
|---|---|
| 公判請求 | 9.8 |
| 略式命令請求 | 21.5 |
| 起訴猶予 | 55.5 |
| その他の不起訴 | 7.8 |
| 家庭裁判所送致 | 5.3 |
| 合　計 | 100.0 |

出典：「令和3年版犯罪白書」，2-2-4-1図　https://hakusyo1.moj.go.jp/jp/67/nfm/images/full/h2-2-4-1.jpg

「必要ではない」と考えれば、起訴を差し控えることができるのである。近年は、送検された事件のうち55％以上が起訴猶予となっている（表1-1参照）。2000年においては、この割合は約40％であったことを考えると、起訴猶予とされる率はその後増加したことが分かる。

一方、公判請求の占める割合も増加しており、2000年には6％であったが、2020年は9・8％となっている。これとは逆に、略式命令請求の割合は2000年には40％であったものが2020年には21・5％と、この20年で約半分になっている。つまり、日本においては検察官は、起訴できる事件を起訴しないという決定をしており、このことは刑事手続や社会において、「誰」に「何」が与えられるかについて、大きな影響力を与えている。ここにおいて、検察審査会制度の存在が意味を持ってくるのである。なぜなら検察審査員を務める市民の主な使命は、検察による不起訴処分を審査することで、検察官の権力や裁量をチェックすることだからである。

日本における保守的な起訴方針は多くの結果をもたらしている。最も明らかなもののひとつは、他の国々の検察制度に比べると、実刑が求刑されることが少ない、という点である。表1-2はWorld Prison Briefが２０２１年に発表した各国の拘禁率(人口10万人当たりの受刑者の数)である(国によって年には多少ばらつきがあるので、関心のある人は出典をあたってほしい)。World Prison Briefによると、日本の拘禁率は39人であるが、アメリカのそれは６３９人であり、日本はこの17分の1にあたる。また、表1-2に示されている他の24カ国の平均と比べても、日本は4分の1と低い。ＯＥＣＤ加盟の民主主義市場経済を採用している38カ国と比べてみると、唯一アイスランドの拘禁率のみが、日本よりもほんの少しだけ低い33人となっている。犯罪白書からも日本の拘禁率を確認してみると、２００６年には64人だったものが、２０２０年は

**表 1-2** 各国の拘禁率(人口 10 万人あたりの刑事施設被収容者の数)

| 国　名 | 拘禁率 |
|---|---|
| アメリカ合衆国 | 639 |
| タイ | 549 |
| ブラジル | 357 |
| ロシア | 341 |
| 台　湾 | 258 |
| フィリピン | 200 |
| シンガポール | 195 |
| ニュージーランド | 188 |
| オーストラリア | 160 |
| メキシコ | 158 |
| ヴェトナム | 128 |
| 中　国 | 121 |
| 英　国 | 114 |
| カナダ | 107 |
| 韓　国 | 105 |
| フランス | 87 |
| インドネシア | 85 |
| ドイツ | 69 |
| スウェーデン | 68 |
| オランダ | 63 |
| **日　本** | **39** |
| パキスタン | 38 |
| インド | 35 |
| アイスランド | 33 |
| コンゴ共和国 | 27 |
| 25 ヵ国の平均 | 167 |

出典：World Prison Brief による 2021 年の報告　https://www.prisonstudies.org/highest-to-lowest/prison-population-total.

36・9人にまで下がった。刑事制裁は善を生み出す能力は非常に限られているが、害悪を生み出す能力は大いにある。[2] この観点から考えると、日本では刑罰が出し惜しみされているとでも言える状態は、よいことであろう。医療の場でよく引用されるヒポクラテスの誓いである「まず、害をなすことなかれ」を刑事訴追の場面においても心に留めておくことは重要である。

日本における保守的な起訴方針は、よりアグレッシブな起訴方針をとる場合と比べると、えん罪を少なくすることに結びつく。犯罪者を何としても有罪にしようとする、権威的で「強権的」な司法というイメージ[3]（カルロス・ゴーン氏の事件の報道ではメディアは往々にして日本の刑事司法についてこういう報じ方をしていた）からは程遠く、日本における高い有罪率は実は、どういう事件を起訴するかを慎重に選んでいるということの表れなのではないか。（すべてにおいてそうだとは言わないが）この意味においては、日本における保守的な起訴方針は、有罪率が低い諸外国の刑事司法に比べても、被疑者被告人の権利や利益を擁護することに長けている、という見方も可能かもしれない。

しかし、日本の保守的な起訴方針はネガティブな結果も生み出している。被害者の多くは、自分たちや社会に対して悪事を行った者たちを起訴しない検察官によって、見捨てられ、裏切られ、そして失望させられたと考えるだろう。有罪か無罪かが激しく争われる刑事裁判はそれほど多くないし、市民が法や政府、そして自らの権利や義務について学べるような「教材として最適」な裁判も少ない。否認事件においても、裁判官が中立であることは難しい。なぜなら、有罪率99％という事実が、「合理的な疑い」についての裁判官の感度を麻痺させてしまうからだ。能力も高く熱心な弁護士の数もなかなか順調には増えない。刑事裁判で無罪を獲得できるチャンスがあまりにも低い現状では、誰が刑事弁護をやりたいと思うだろう？　検察の起訴方針がもっとアグレッシブなものであったら得られたであろう利益のいくばくかを日本社会は失ってしまっている。そして深刻な事件で被告人が否認しているような場合においてはとくに、有罪にしなければならないというプレッシャーが捜査機関にかかると、虚偽自白が得られるリスクも、えん罪のリスクも高まってしまうのである。日本におけるえん罪事件の多くはこのような状況下で発生してしまっているのだ。１９６８年に死刑判決を受けて、その後、２０１４年になって彼の無罪を示す証拠が出てきたことで釈放された袴田巖氏のえん罪事件もその一例である。「否定の文化」(『アメリカ人のみた日本の死刑』第四章参照)が深く根付いているため、検察や他の刑事司法機関はひどい過ちを認めることが難しい。

２００４年に日本において、二つの法律が可決成立した。「裁判員の参加する刑事裁判に関する法律」と「改正検察審査会法」である。この二つの法律は刑事司法における市民参加を大きく推進させた。どちらの法律も２００９年に施行され、日本の刑事司法と社会に対する疑問が浮き彫りになった。戦後からずっと日本において支配的であった、起訴における保守的なアプローチを市民参加によって変えることができるのだろうか？　無罪判決はもっと増えるだろうか？　被害者は事件の処理のされ方についてもっと満足できるようになるだろうか？　日本の検察官にはどれほどの力が与えられるべきか、そしてその裁量をいかに行使するべきであろうか？　そして日本の検察官は自らの決定についてどのような責任を問われるべきであろうか？　日本の検察官は「民主的」（この言葉は非常に多義的であり、そのなかでとくに何を意味しているかが問題となる）であると言えるであろうか？　そして最も根本的な問いとして、日本の人々は検察官に何を求めるだろうか？

裁判員制度については既に多くの研究が発表されてきたし、[④]メディアもこの制度についてありとあらゆる側面から報道してきた一方、研究者もジャーナリストも、検察審査会制度について、検察官が不起訴処分にした事件を「強制起訴」にできる権限が与えられたこと等を含む改正があったことについて関心を向ける者は決して多くなかった。この改正前は、検察審査会は検察官の不起訴処分に対し「考え直すべき」という助言を行うことができるに過ぎず、それは往々にして聞き入れられなかった。検察審査会制度についての研究がこれまで少なかったことには多くの理由があろう。⑤ この制度の手続自体が外からは見えにくい性質のものであること、検察について焦点を当てて研究している学者やジャーナリストは日本において多くないことも一因であろう。その結果として、残念ながら、検察審査会制度という、この重要な制度の起源や活動、そしてその作用についてほとんど知られていない状況になっているのである。

本書は5章で構成されるが、どの章も検察審査会制度について社会にもっとよく知ってもらうことを目的に書かれている。本章では以下に挙げる、七点の「検察官の問題」を明らかにすることから始めたい。そしてその次に、日本社会における検察審査会制度について三つの方法で分析していこうと思う。その三つの方法とは、検察審査会は被害者のニーズを満たしているか、検察審査会は加害者に責任をとらせる助けとなっているか、そして検察審査会は民主的な検察のあり方を促進しているか、を問うものである。

第2章では、戦後の占領期に生まれた検察審査会制度の起源について、この制度の手続や、その運営のされ方について説明する。そして近年この市民参加制度が改正されることになった社会的・政治的推進力について論じる。

第3章、第4章は本書における経験的データを用いた議論の核の部分であり、そこでは検察審査会制度による主要な影響を議論する。検察審査会制度の影響は明白である一方で可視化されておらず、保守的である一方で進歩的でもあり、歓迎すべきものである一方で懸念も存在する。これらのことを両章では論じる。

まず第3章では、検察審査会はしばしば(実に90%以上のケースで)「不起訴相当議決」を出すことによって、検察官の不起訴処分を承認していることを指摘する。この意味において、検察審査会は検察官の意思決定を正当化する重要な役割を果たしていると言えよう。また、検察官は事件が検察審査会による審査にかかるかもしれないという、検察審査会の「影」の影響を先取りして、被疑者を起訴することもある。検察審査会の審査にかかると、その後、結果的に検察も起訴に変更することもあり得るので、それなら最初から検察審査会に審査されることを避けよう、と考えるわけである。検察官はまた、検察審査会が一度目の審査で「不起訴不当」や「起訴相当」という議決を出して「検審バック」してくると、これに応じることもある。そして検察審査会が同じ事件について二度「起訴すべき」(二度目は「起訴議決」と呼ばれる)と判断した場合は、検察官がこれまでしてきた不起訴処分をひっくり返して「強制起訴」という結果になるのである。

第4章では、強制起訴について論じるが、これは2009年に制度が改正されてから12年の間に、10件しか生じていない。それらのうちの一つとして、2011年3月11日の東日本大震災後の福島原発のメルトダウンを惹き起こしたと言われている、東京電力の旧経営幹部３人を被告人とする、業務上過失致死傷事件がある。東京地裁は２０１９年9月に、強制起訴された３人の被告人には有罪にするだけの十分な証拠がない、として無罪判決を下した。この無罪判決の報を聞いて、多くの検察官の、そして裁判を見守っていた多くの人々の第一声は「だから言ったじゃないか。そもそもこの事件は起訴されるべきではなかったんだ」というものだったのではないか。しかし裁判で無罪となったからと言って、そもそも起訴されるべきではなかったということにはならないし、この東電事件では、裁判そのものにおいても、そして公判前の刑事手続においても、いくつもの重要な効果が生み出されたのだということを論じたい。そして最も重要なこととして、強制起訴されて刑事裁判となったからこそ、それまでは知られていなかったこと、隠されていたこと、あるいは否定されていたこと等が明らかになったのである。この意味において、東電刑事裁判は、企業や政府の言い分には非合理が含まれているということを白日の下にさらすことで、福島原発のメルトダウンについての真実を明らかにしたのである。第4章では強制起訴された他の事件についても触れるが、そこでは二つの関連するメッセージが強調される。一点目は、ホワイトカラー犯罪は起訴されるべきなのに起訴されないということが往々にして起こる、ということである。そして二点目は、ホワイトカラー犯罪者を有罪にするのは難しい、ということである。

本書の結論である第5章では、検察審査会制度の研究から得られた示唆を12点挙げ、それらを議論する。それらの示唆のうち最も主要なものは、検察審査会は検察の不起訴処分をチェックし、コントロールする権限を持っているということについてのものであるが、検察の起訴方針や実務を変えることは「頑強な板にゆっくりと穴を開けていく気の長い作業」と言える。⑥また、検察審査会制度が及ぼす効果には(被害者にとって、犯罪抑止という観点にとって、政治組織にとって、そして社会にとって)肯定的なものもあるが、その一方で、検察審査会制度のダークサイドともいうべき側面についても認識されるべきであるし、これについては軽減され、回避されるべきであることも論じている。そのための改善点についても本書では論じている。

本書で示す重要事項には込み入っているものが含まれているが、それは刑事司法そのものが単純な対象ではないからだ。最終的に筆者らが議論したいことは、検察官と民主主義について社会が議論し、そしてこのテーマについて研究をするなかで繰り返される問い——「検察官の意思決定において、社会の人々の選択が果たすべき適切な役割はどのようなものか?」——が非常に重要である、ということである。

## 検察官についての問題

先進諸国間で比較すると、検察官制度は、警察や裁判、また矯正についての制度に比べても、それぞれの国で大きく異なるものである。そして日本における検察官制度は、アメリカ合衆国、ドイツ、そしてその他の主要な民主主義国家のそれと比べても非常に異なっている。日本の検察官制度には多くの問題があるが、これはほかの国々の検察官制度もそうである。ここにおいてメタ・クエスチョンともいうべき問いは、「日本の検察官はその権力を公正に、正しく、そして効果的に行使しているといえるか？」というものである。この問いに答えることは難しい。なぜなら、公正さや正しさ、そして効果的かどうかという概念の意味するところには争いがあるし（人によってこれらの概念をどう解釈するかは異なるであろう）、日本において検察官は深く研究される対象とはなっていない。しかし筆者らは、日本の検察官について七つの問題があるということを認識している。それらは、権力、裁量、非違行為、イデオロギー、アカウンタビリティー、惰性、そして役割の曖昧さ、である。[7]これらの問題はすべて、市民がしっかり監視することで改善することができる。

**①権力**　日本の検察官は強力である。検察官はほかのどの職業と比べても、個人の生命、自由、

そして名誉を牛耳る力がある。検察官のこの大きな力をもっと弱めるべきだと考えている人は多い。このような意見の人々は、あまりにも大きな権力が検察官の手に集中してしまっている、と考えるのである。検察官は被疑者を起訴するかしないか、事件の処理の仕方、そして刑事司法に関わる政策を形成することさえできる。また日本では、検察官は、重要な点について自分たちに「アンバランス」なまでに有利なかたちで形成されている当事者主義(訴訟の進行の責任を当事者、すなわち被告人と検察官に委ね、裁判所は中立的な立場から判断を行う)の刑事訴訟に身を置いて仕事をしている。刑事訴訟法は捜査、公判段階において、警察と検察の利益に「資するる」ようにできている。日本の裁判官たちはというと、法執行機関の利益を促進できるような人材が選ばれやすいし、そのような状況に順応してしまい、そうしておいた方がメリットが大きく、逆にそうしないとデメリットが大きいと考えるかもしれない。そして刑事弁護人の活動は、というと、法律や伝統によって、そして刑事事件の報酬の低さという点で制約を受けている。これはどの国でもそうであろうが、刑事司法制度においては、力は大いに関係性によって決まる。日本においては、検察官はこれまで長きにわたり、裁判官や弁護人との関係の中で、相手に対し支配的な影響力を及ぼしてきたと言える。⑧

検察官が持つ権力のうち、もっとも危険なものは、検察官は扱う対象として事件だけではなく、被告人を選択することもできてしまう、ということであろう[9]。つまり、犯罪を認知し、それを犯した犯人は誰かということを見つけ出すというだけではなく、まず被疑者を選び出し、その事例に当てはまる法律を探し出し、捜査を行うことで、その対象となっている者にぴったりの犯罪行為を当てはめることもできるのだ。東京で弁護士をしている安田好弘氏に対する訴追はその一例であろう。安田氏はオウム真理教の教祖であった麻原彰晃氏や多くの凶悪犯罪者たちを弁護してきた人物である。その結果、安田氏は法曹界の一部に「好ましからぬ人物」として認識された。安田氏は、1998年〜1999年にかけて、不動産会社社長に資産隠しを助言したとして、強制執行妨害罪で逮捕され起訴された。東京地裁は2003年に安田氏に無罪判決を下したが、検察はこれに控訴し、東京高裁は強制執行妨害の共謀を認め、安田氏の行為は幇助にあたるとして、罰金50万円の有罪判決を言い渡した。安田氏は無罪を主張し、検察側は量刑不当として、双方が上告したが、最高裁はこれを棄却し、判決が確定した。安田氏は判決確定後、この判決について、「検察のメンツを立てつつ、弁護士資格も失われない罰金刑で一件落着という壮大な妥協判決だ」とコメントしている[10]。

「まず人に狙いを定める」アプローチが取られなかったとしても、起訴処分は検察官の権力による影響を広範囲に及ぼすものであり、それは対象となった個人だけでなく、その家族や友人、そしてもっと広く社会にまで影響を及ぼす。一方で、検察官は「何もしない」ことによって強力な権力を行使することもある。検察官による不起訴処分の決定は起訴処分と同じほど重要であると言えよう。重要な先行研究でも以下のように述べられている。

「「起訴する」という積極的な権力は強大である、しかし、「起訴をしない」という消極的な権力はさらに強大だと言えよう。なぜなら後者は濫用を防止する方策に欠けるからである[11]」。

検察官が起訴した場合、事件は弁護人、裁判官、そして場合によっては裁判員もここに加わり、こういった人々に審査される。しかし事件が起訴されなければ、このような審査は全く行われない。ここにおいて検察審査会が登場するわけである。なぜならその主な役割は検察官の不起訴処分に対する異議申立を審査することであるからである。これらの申立の多くは犯罪被害者やその支援者からのものである。

②**裁量**　権力と裁量はお互い密接に関連しているが、明確な差異もある。権力とは、被疑者や被告人、弁護人、裁判官、裁判員、またこれらの人々の周りの人々に対して何らかの結果や影

響を及ぼす能力のことである。裁量とはこれらの行動をとるかどうかを決める自由のことである。一般的に言えば、警察活動は法よりも多くの裁量が関係してくるものであるが、裁判官の仕事はこの逆であると言えよう。そして検察官はと言えば、警察官と裁判官のそれぞれの境界の間の橋渡し的存在である。しかし検察官は警察官や裁判官に比べると、より「潤滑に法と裁量の間を行き来する」存在であると言えよう(12)。

日本において、検察官は事件を起訴するかしないか、どの事件を起訴するかについて、広範囲な裁量を有している。ある意味においては、刑罰法典は、検察官がそこから好きなものを注文できるメニューのようなものである(アメリカの検察官のために用意されている法律メニューの方がはるかに分厚いが)。起訴に関してのこの裁量は、少なくとも三つの点において問題がある。まず一つ目として、それは、検察官の権力を強化する(これまでの議論を参照されたい)。二つ目に、恣意的で気まぐれな意思決定を許してしまうことで、刑事制裁の一貫性や予測可能性を弱体化させてしまう。三つ目に、このような裁量は、階級や人種、ジェンダーや社会的地位、国籍等、考慮に入れることが不適切な事項に基づいた偏見や差別にしばしば行きついてしまう。

日本における刑事訴追の特徴の一つは、組織的な性質を持つ意思決定がなされるということである。中央集権化された官僚システムにおいては、検察官はその職務において、様々な範囲の意思決定を行う際に組織としてのガイドラインに沿うことが要求される。検察官の仕事はさらに、組織内部での審査、とくに「決済」として知られる、ヒエラルキー内での相談と承認にも服さなければならない。一般的には、検察官がその意思決定について内部で責任を取らされる、この組織的なアプローチの方が、アメリカのように検察官を選挙によって選ぶことでその責任を問うやり方(勝敗が際どい選挙になるということはほとんどないが)よりも、多くの点において効果的であると言えよう。

しかし検察官の責任をその組織内部で問う、という日本のやり方では、事件を起訴する場合も不起訴にする場合も、往々にしてその目的を達することができない。例えば、戦間期や戦時中にしばしば起きたように(第2章参照)、また現在でも起きているように(前述の安田氏のケース参照)、組織にとっての、あるいはより大きな政治システムにとっての敵を「捕まえる」必要性によって突き動かされるような裁量的な判断が、決裁審査の結果として生じることがある。その逆に、決済制度は、検察官やその仲間たちの名誉を傷つける結果となる事件を潰してしまうこともある。「桜を見る会」に関する事件で、元総理の安倍晋三氏が公職選挙法違反と政治資金規正法違反について2021年に不起訴となったことも、元東京高検検事長の黒川弘務氏が新聞記者と賭マージャンをした事件を当初は不起訴としたこともそうである(さらに言えば、黒川氏はコロナ禍でソーシャル・ディスタンスをとらなければいけないのに、そのガイドラインにも反していたわけである)。黒川氏のケースについていえば、政治的な介入と検察自身による「決裁」システムが、その当初の不起訴処分の背景にあったとの見方もある。[13] このような不起訴処分について、検察官にその責任を問うために検察審査会という制度があるわけである。黒川氏については その後、東京第六検察審査会により「起訴相当」議決が出され、東京地検はそれを受けて略式起訴し、罰金20万円の略式命令が出された。

③非違行為　検察官は時として間違った行動をとる。例えば、検察官は弁護側に対し、被告人の無罪を示す可能性のある証拠を開示しないこともある。検察官は公判で不適切な弁論を行うこともある。検察官は被疑者や証人の供述調書を自分たちに都合のよいように編集することもある。検察官は取調べにおいて、操作的で強要的な手法を使ってくることもある。検察官は長時間の過酷な取調べをすることで被疑者の意思を押しつぶしてしまうこともある。そして前述したように、検察官は自分たちの敵には厳しいが、政治やビジネス、そして法執行の世界における自分たちの仲間には甘い、ということもある。この種の問題がどれくらい頻繁に起きているかを明らかにするのは難しいが、最もよくある非違行為としては、弁護側に証拠を開示しな

いというものではないかと思われる（これはアメリカにおいても蔓延している問題である）。さらに、過酷で権力濫用的な取調べ（日産の前CEOカルロス・ゴーン氏に対して2018年〜2019年にかけての70日間以上に渡って、500時間に及ぶ取調べが行われた）の問題もある。そこまで深刻な程度の非違行為ではないとしても、社会が検察官や刑事司法、そして政府そのものに対して持っている信頼を損ねてしまうこともあるだろう。

2010年に、検察官が証拠のフロッピーディスクを改竄して村木厚子氏（当時厚生労働省雇用均等・児童家庭局長）を罪に問おうとしていたことが朝日新聞の報道により明らかになると、大きな非難が集まり、検察に対する社会の信頼は大きく損なわれた。検察官による非違行為のすべてがこの事例のように鉄面皮なわけではないのはもちろんだが、検察官の非違行為が計画的なものでなくても（検察官が証拠を開示しないのも、公判前整理手続において求められている証拠開示制度に違反していることに気が付いていないだけかもしれない）、それによる害悪は大きい。

④イデオロギー　検察官は時として、有罪判決を獲得し、被告人を罰することの追求に熱が入りすぎる。アメリカの検察官の方がこの問題は深刻である（とくに、刑事訴追におけるアカウンタビリティーを問う主な経路が政治的なものであることが理由である）が、この問題は日本においても

共通である。検察官の厳罰志向のイデオロギーは、処罰よりも社会的・福祉的サポートを実際には必要としている高齢犯罪者に対し実刑判決を求刑することにも表れている。また、検察官は強情さのイデオロギーも有している。これは、検察官が自身の誤りを示す証拠に直面した際に見受けられるものである。さらに、ある種の犯罪者たちを起訴することを控える行動として表出されるイデオロギーもある。これは、性犯罪事例において、被害者とされる女性が被害状況について供述しても、それを検察官が信じない場合などによく見られる。また、被疑者が警察官や政治家、ホワイトカラー犯罪者、さらにＤＶ加害者の場合にも、この傾向(起訴を控える)が見られる。これらのケースにおいてはすべて、保守的なイデオロギーと権威のヒエラルキーを尊重するという考え方が、起訴すべき事例を起訴しないという問題の原因である。

⑤アカウンタビリティー　検察官が大きな権力と裁量権を持っている理由の一つは、検察官の仕事を外部からチェックするという制度が脆弱であるからである。日本では検察官を国民が選挙で選ぶという制度はないので、選挙で直接アカウンタビリティーが問われるということはない。そして準起訴手続(付審判請求)や、民事訴訟(とくに国家賠償請求)、さらには社会の意見等には、検察官の仕事をコントロールするほどの影響力はほとんどない。[14] 刑事司法制度において

は、裁判所は検察官の起訴権限を監視することはほとんどなく、検察官による不起訴処分が実質的に審査されることは無いに等しい。しかし、その唯一の例外が検察審査会制度である。日本の刑事訴訟法は対審構造における相手方である弁護人に比べたとき、検察官に大いに有利である。日本においては、検察官の権限や裁量を最も効果的にチェックする方法は、検察という官僚組織の中に存在している。これらの内部チェックは、様々な研修を通じて得られる専門知識や、通常の刑事政策に沿っていれば規則正しく実現される昇進、そして組織内部の審査(決裁など)と結びついていく。そしてこれらのすべてが、個としての検察官の意思決定に制約をかけていくのだ。しかしながら、これらの組織内部のコントロールはうまく機能しないこともももちろんある。そしてその時には「アカウンタビリティーの欠如」が明らかになり、刑事訴追の正当性やその民主的あり方を弱体化させてしまうのである⑮。

⑥**惰性**　検察組織の文化における慣習や伝統にどっぷりとつかってしまっていることを、惰性という。検察庁は官庁のなかでも最も保守的な組織だと言えるだろう。警察組織はこの間、かなり変化を遂げてきたが、検察組織の運営は数十年前のままである。警察組織はもっと自己批判的でもあるし、自分たちの活動の手法に大きく焦点を当てているし、活動の資源や人材の展

開の仕方においても、より戦略的であり、そしてデータ分析のやり方も、より洗練されているし、社会との関係についてももっと熟達している。警察の方が検察に比べると視野が狭くないという見方もできる。日本における検察官の惰性の問題は、アメリカに比べると際立っている。アメリカでは、多くの地域において「積極的起訴」に向けられた政策がとられるようになっており、「21世紀の刑事訴追の原則[16]」という新しい政策が採用されている司法管轄区もある。

**⑦役割の曖昧さ**　検察官についての問題として最後に論じるものは、その役割の曖昧さである。これまで述べてきた問題に比べると、この問題にはあまり注目が集まらないが、しかしこの問題はもっと本質的である。

検察官は、お互いに矛盾し合う様々な「期待」に直面する。検察官は、検察庁の公正な役人であるのと同時に、アグレッシブに有罪判決を求める者でもあり、さらには、法の「しもべ」でもあり、慈悲や犯罪者の更生の仲介者でもある。検察官について理解するための秘訣がある。検察官はとくに刑事司法において以下に挙げる様々な領域の間の橋渡し役となっていると見るのだ。当事者主義と職権主義の間、警察と裁判所の間、復讐と慈悲の間、そして法と裁量の間、である。橋渡し役を担うに際して検察官は、刑事司法に対して、イデオロギー的、制度的、そして運用上の柔軟性を提供しているのである。検察官は「柔軟性の達人」とさえ言えるかもしれない[17]。

境界が曖昧であるという、検察官の役割の性質は、日本の刑事司法において検察官が中心に位置づけられていることを説明するものでもある。この事実を理解することが、検察官の持つ統制権力についてはっきりと理解するための鍵である。しかしながら、その役割が曖昧であるということは、検察官に責任を取らせるということを難しくもしている。検察官がすべきことは何かがそもそも不明瞭なのに、検察官に責任を問うことなど、どうしてできるだろうか。検察官は正義の使者として判断されるべきか、それとも有罪判決を求める、検察庁の役人として見なされるべきなのか？　慈悲の仲介者なのか復讐の仲介者なのか？　公益の代表者なのか、被害者の利益の代弁者なのか？　日本で2008年12月から施行されている被害者参加制度のもとでは、検察官の役割はもっと複雑となる。近年では、検察官は自らについて「被害者とともに泣く検察」と言及することもあるが、これは、検察官は被害者のニーズを代理する必要があると自らの役割についてみなしているとも言える。こうして見てみると、検察官と被害者の間の距離はかつてないほど近くなっている。

要するに、検察官の役割が曖昧なのは、検察が何をするか、そして何をすべきかが複雑であることを反映しているのである。このことを考えると、「検察官の問題」の分析や対処に取り組むことに大きな野望を持って臨む人が少ないことも、そしてそれほど大きな目標を掲げているとは言えない試みですら成功しないことの理由もよく分かるというものである。[18]

＊　＊　＊

日本においては、深刻な「検察官の問題」がいくつかある。そして検察審査会制度は、これらの問題のうちのいくつかを改善する可能性を持っている。検察官による不起訴処分を審査し、その事件を起訴すべきだと促したり、要求したりすることができる機関として、検察審査会は検察官の権力と裁量を減殺できる(問題1と2)。検察審査会は、「強制起訴」となる法的拘束力を持った起訴議決を出すことで、検察官がその仲間たちによる事件に対して不適切なまでに寛容となる傾向があるという問題を制御できる(問題3)。11人の市民で構成される合議体に、検察官が出した不起訴処分を審査し、書き換える権限を与えていることで、検察審査会は検察官の「保守のイデオロギー」に取り組むことができる(問題4)。検察官は自分たちの意思決定について、説明させられるという場はほとんどないわけであるが、全国に１６５ある検察審査会は検察官に、その最も重要な決定の一つであるところの「不起訴処分」について説明する責任を負わせることができるのだ（問題5）。時が経過するにつれ、検察官が変化を拒んでいるという問題は軽減していくだろう（問題6）。そして、検察官に対し、起訴すべきなのはどのような事件なのか伝えていくことにより、検察審査会による意思決定を通して社会が関与していくことは、検察官の役割に伴う曖昧さという問題を軽減していくだろう（問題7）。

２００９年5月に改正検察審査会法が施行されて10年以上が経過した。新しい検察審査会制度は検察官の問題を軽減していると言えるだろうか？　検察審査会にどのような期待を抱き、その実際の活動をどう推測するかについて抽象的に語るのはたやすい。しかし、検察審査会制度が日本の法律や社会にどのような影響を与えているかを語るのは、まったく別の話だ。本書では以下の各章において、このことに挑戦してみよう。しかしまずは、日本社会において検察審査会制度を形成し、この制度について議論を提供してきた、最も広く共有されてきた三つの枠組みについて見てみたいと思う。

### 三つの枠組み

人間の知覚を限定し、善悪の判断を規定する、精神的な構造を成す枠組みがある。この枠組みを直接認識することはめったにない。これらは、認知行動科学者たちが「集合体無意識」と呼ぶところのものであり、これは人々がいかに事物を分別し、何を「常識」と見なすかに影響を与える。

日本の検察審査会制度を説明するにおいては、三つの主要な枠組みがある。一つ目は「被害者」である。被害者のニーズや利益は日本の刑事司法においては見過ごされてきた。検察官の出した不起訴処分を審査してほしいと検察審査会に対してなされる申立の多くは被害者によるものである。二つ目の枠組みは、加害者に責任をとらせたいというニーズへの配慮である。この目的を達するにおいて、検察審査会は不起訴に伴う「不処罰」の問題を減らすことができる。検察審査会制度について考察する際の三つ目の主要な枠組みである「民主主義」は、最も広範で、そして最も根本的なものである。これは最も複雑な枠組みでもある。なぜなら、起訴と民主主義の間の適切な関係についての考え方は色々あるが、そのそれぞれの考え方はお互いに矛盾し合っているからだ。一般的に信じられているのとは違い、「民主的な検察」というのは、検察官が「公益の代表者」であることを意味するというほど単純なものではない。もっと言えば、「公益の代表者」とは何を意味するか、というのも明らかではない。

**①被害者**　被害者は、検察審査会制度について考えるうえで最もよく使われる枠組みであろう。

事件が不起訴となれば、被害者やその支援者はそれをどう捉えるかに関心が集まるであろう。事件が不起訴になると被害者は軽視されたとか、無視されたと感じるであろう。被害者にとってそのニーズや利益が蔑ろにされたと感じる状況は多々あるであろう。被害者が何を望んでいるかはケースによって様々ではあるが、その主たる利益や願いについて明らかにしようとすることは可能である。一般的には、被害者は自分たちの苦痛が少しでも緩和されることを、そして自分たちの回復を支援してほしいと切望するものであろう。そして被害者が望むものは、より大きな観点からみたときの正義（司法）や安全にとっての利益と常に一致するわけではない。

- 被害者は、自分を傷つけた人間が、その行動について責任を負うことを望んでいる。
- 被害者は、自分に起きたことは「間違っていた」ことなのだということを正当に認めてほしいと望んでいる。
- 被害者は、何が起きたのか、そしてなぜ起きたのか、という質問に対する答えを望んでいる。
- 被害者は、自ら声を上げ、その声がきちんと受け止められることを望んでいる。
- 被害者は自分の意見が影響力を持つことを望んでいる――被害者は、被害を受けたことに対する反応を自分自身でコントロールしたいと望んでいるのだ。
- 被害者は、癒しや安全を自分にもたらしてくれるリソースにアクセスできることを望んでいる。

- 被害者は、自分を傷つけた人物が、その害悪を可能な限り修復することを望んでいる。
- 被害者は、安全だと感じられることを望んでおり、これは、自分を傷つけた相手から守られることも含んでいる。

そしてとくに、被害者は、自分を傷つけた人物が、もうほかの誰も傷つけないということを確認したいと望んでいる。

21世紀を迎える前までは、日本の刑事司法は上で挙げた被害者のニーズを満たすことに失敗してきたと言える。しかし、近年、被害者は刑事手続において、より重要な存在となっている。日本の刑事訴訟法は、刑事裁判において被害者の関与を拡げるという観点からは、これまで二度の改正を経験してきた。最初の改正法の施行は２０００年で、その改正でとくに重要なのは、被害者等が意見陳述をできるようになったことである（刑訴法２９２条の２）。そして２００８年に施行された改正法では、被害者参加制度が導入された（刑訴法３１６条の33以下）。一定の重大事件を対象として、被害者は希望すれば検察官のすぐ近くに着席して在廷することができ、また検察官に対してその権限の行使に関し、意見を述べることができる。そして、情状（被告人の人となりや生活環境、また反省の有無等、刑を決めるにあたっての重要な情報）に限定してではあるが証人尋問を行うこと、被告人に直接質問すること、さらには事実又は法律の適用について意見を述べることもできるようになった。

これらの改正によって、刑事手続における公正さや適正手続が害された(手続上の問題)とみなす人々もいるし、厳罰化の結果をもたらした(実体上の問題)という批判もある。しかし被害者中心的な改正により生み出された結果は、これらの批判よりもさらに複雑な内容を含んでいると思われる。これまでのところ観察された結果から言えるのは、影響は比較的穏健なものであり、「被害者参加が量刑実務や事実認定実務に明らかな影響を与えたことを示しているという明白な結論に達することはできない」と言えよう[19]。被害者意見陳述や被害参加により、量刑がやや厳罰傾向に移行したことは、たとえばとくに性犯罪事件の裁判などにおいては見受けられる。そして、被害者を中心に据えた改革により、刑事裁判の手続がより感情的に変化したと言える種類の事件もある。例えばとくに殺人事件裁判の法廷では、涙が流されることが多くなり、感情もしばしばヒートアップすることが見受けられる。しかし同時に、この新しい被害者参加制度が導入されたことで、被害者や被害者遺族の感情的、そして精神的な回復を促進するための実務が進められていくことになり、その結果、日本の刑事司法がもっと「セラピー効果を中心に据えた」ものへと変わる、と評価することもできる[20]。日本の刑事司法において被害者がいかに等閑視されてきたかを考えると、これらの変化は「進歩」であるとも言えるだろう。

しかし、被害者に配慮しようとする努力は、いくつかの点においては限界があり、また問題も露呈している。まず最初の段階から言うと、ほとんどの被害者は警察に届け出ない。内閣府の2020年の調査によると、無理やり性交等をされた経験を持つ人がその被害について警察に相談した割合は5・6％に過ぎない。[21] さらに言えば、たとえ被害者が警察に届け出たり、告訴しようとしても受理してもらえないこともあるだろう。また、公判前整理手続では審理計画が策定され、実際は裁判の結果もそこで大きく左右されてしまうが、被害者はこの手続からはほとんど排除されてしまう。そして被害者参加制度の対象事件においても、裁判に参加することを選択しない被害者も多い。そして被害者参加制度を利用したとしても、被害者参加人が陳述する意見は、管理役を務める検察官との入念な打ち合わせを経て行われる。被害者参加を認めるかどうかを決定し、被害者参加人の陳述を監視し、制限することができる裁判官も、裁判で重要な役割を果たす。裁判官はまた、被害者の傷(あるいは遺体の状況)の証拠写真を公判に提出する際には白黒にしたり、加工したりして、裁判員に潜在的に及ぼし得る偏見を減少させようとしたり、犯罪による生々しい影響を目にすることで受ける裁判員が受ける「精神的負担」を回避しようと試みる。こうした実務は、進歩主義的な人々からは賞賛されている一方で、警察や検察官、被害の様子を裁判員や裁判官にしっかりみてほしいと考える被害者、そして裁判員(裁判員の中にはこうした配慮を歓迎する者もいるかもしれないが)たちには不満の対象となっている。

大部分の点において、被害者参加制度は、日本の刑事司法における伝統的なパターンを強化したという意味において、実質的には「保守的」なものであったと言える。裁判において被害者が中心に据えられることによって、多くの被告人やその弁護人が、被害者に敬意を払っていないと思われることなしに、被害者の主張やその感情に異議を唱えることは難しい、と感じている。依頼人の弁護をすることが困難になってしまうこともあるとさえ感じている弁護人もいるようである。なぜなら、これらの弁護人は、裁判員から「被害者を責めている」と思われるのではないかとか、被告人が十分に反省していないと思われてしまうことで、結果的に、被告人が有罪となったり、量刑が厳しくなることに結びついてしまうのではないか、と考えるからである。被害者参加制度は、弁護人を従順にさせてしまい、被告人には権威に服するようにプレッシャーを与えるように機能してしまっている面がある。この意味において、被害者参加制度は、日本の刑事司法制度においてこれまで長きにわたり存在してきた二つのパターンを、さらに永続させているのだ。その一つ目は、弁護側が検察側よりも劣勢であるということ、そして、二つ目は、(このような表現が不誠実に聞こえるとしても)「改悛、そして自白があってこその赦免」がほのめかされていることである[22]。

事件が警察に届け出られない場合は、検察審査会が被害者の利益のためにできることは何もない。しかし警察に届け出られた事件が起訴されなかった場合は、被害者が自らのニーズや利益に沿う方向に検察権力を持っていくために使うことができる機関が検察審査会である。このアプローチにおいてはいくつかのリスクがある。事件がすべて起訴されるべきであるとは言えないし、「被害者」がすべて実際に被害を受けたわけでないからである。しかし、見方によっては、検察審査会は被害者のニーズや利益を無視した検察官の権力を抑制する／手なずけるための機関であるとも言える。このことが民主的な刑事司法制度の唯一の使命でもないが(そして主な使命でもないであろう)、しかし適切な使命の一つであるとは言えよう。

**②不処罰**　刑事制裁は、人々の自由を保証する主要なものでもあり、人々の自由に脅威を与える主要なものでもある。刑事制裁は犯罪者に責任をとらせ、犯罪を抑止することを助ける一方で、過剰で無差別的に執行されてしまうこともある。後者の問題は日本においてはアメリカほどは致命的ではないかもしれない。アメリカでは「過剰拘禁」が深刻な社会問題となっている

からである。一方、犯罪者が責任を問われず、刑罰を免れることも問題である。そして日本ではこのことが深刻な問題となっている。

人権活動家や汚職防止のための改革を目指す人々はよく、第三世界の国々において、権力者が殺人や、経済資源の略奪やその他の犯罪を犯しても処罰されないという、「不処罰の文化」について話題にする。これらの国々においては、警察や政府の役人、そしてその取り巻き連中である民間人たちがその権力を濫用することがある。それは彼(女)らは、自分たちが責任を問われることが無いことを「知っている」からであり、さらには、そのことを被害者が認識しているであろう点について「知っている」からだ。(23) このような状況下では、「法の支配」を確立するためには、権力者でも正義の裁きを受けるということを示さなければならない。しかし不処罰の文化には、発展途上国に蔓延している腐敗や暴力が深く根ざしているために、このことは容易ではないであろう。(24)

しかし、この不処罰の問題は、先進国においても見られるものである。日本においても、犯罪の種類によっては、その犯罪者たちが起訴されるべきなのに起訴されず、結果として、広範囲において正義(司法)の失敗を生み出してしまうことも起こる。法に違反しても責任を負うことを免れることがあり得る人々には、以下の5つのグループがあるだろう。

・**警察官である。**「警察官は清廉潔白である」という名声は強調されるきらいがある。1970〜90年代に警察の裏金問題を取材した元朝日新聞記者である落合博実氏は、「「無法」という言葉がある。国語辞典には「法が行われないこと」とある。ならば、「警察こそ、この国の最大の無法集団」であると思う」と述べている㉕。

・**政治家である。**とくに与党、そして保守的なエリート政治家はそうであろう。何十年もの間、検察官は「巨悪を眠らせない」と宣言してきた。しかし調査報道を続けてきたジャーナリストの立花隆氏が「巨悪は眠っている」「検察官は眠りから覚めよ」と言ったことは有名である㉖。

・**ホワイトカラー犯罪者である。**個人としての犯罪の場合もあれば、組織犯罪の場合もある。日本においては、街頭犯罪の発生率は低いが、一方でホワイトカラー犯罪や企業犯罪の問題は深刻である。これらの犯罪は個人の利益を追求することと、組織としての目的を達成することと、両方の目的のために犯される。これらの犯罪を抑制するためには事前の規制が必要であることを諸研究が示している。

・**配偶者やパートナー、親や子どもに対して家庭内暴力を振るう犯罪者である。**ＤＶ被害相談窓口に相談する女性の数はここ20年で増加したが、加害者（その多くは男性である）が起訴されることは少ない。他の家族メンバーに対する暴力に関しても、加害者が処罰を免れるという、同様のパターンが存在することが報告されている[27]。

・**女性や未成年の女子に対して強制性交や性的暴行、また強制わいせつを犯す男性である。**周防正行監督による映画「それでもボクはやってない」（２００６年）は深い洞察に満ちた映画であり、性犯罪事件において被疑者が誤って起訴される問題を描いている。アメリカにおいても、起訴された性犯罪事件の中には、そもそも裁判にかけられるべきではなかったと言える事件がある。しかし、日本においては、性犯罪事件は被害届が出される率も低く、捜査が開始する事件は少なく、起訴される事件も少ない。その結果、たとえ女性や未成年の女子に対して犯罪を犯したとしても、その結果それほど大きな対価を支払わされることにはならないであろう、処罰されることはないであろうという認識を男性たちの間に広げてしまっているのである。このことは、もし刑事制裁がもっと効果的に行われ、犯罪抑止の目的が達成されていれば、起きなかったであろう性犯罪事件が起きている、ということを意味する。筆者らが本書の第4章と第5章で論じるように、相手の合意を得ずに性交を行った者が処罰を免れるという問題は日本に根強く存在しており(もちろん法律そのものの限界も大きい)、検察官も検察審査会も、加害者にその犯罪の責任を取らせることに失敗してしまっている。[28] しかし同時に、もし検察官や検察審査会がもっと被害者の声に耳を傾け、加害者にその犯罪の責任を取らせることに積極的になれば、この問題は改善される可能性もある。このためには、日本における「耐え忍ぶ文化」や「否定の文化」を変える必要がある。

**③民主主義**　検察審査会制度についての最も根本的な枠組みのうち三つ目は「民主主義」である。これは、「現代の政治的思考においては、必要不可欠な概念の一つ(唯一ではないとしても)である」と言えよう。しかし、「検察官と民主主義の関係は、警察と民主主義の間の関係よりももっと混乱に包まれている[29]」ことを示す研究もある。原則としては、ほとんどの人は「民主的な検察」を好ましいと考えているが、実際にはこれが何を意味するのかについて意見は一致していない。その考え方は多種多様である。

「民主的な検察」という考え方は、検察官に対し、お互いに競合する様々な要求を突きつける。その結果、複雑な状況が起きてしまうわけであるが、それは、検察官が民主主義についての異なった解釈の間の境界の橋渡しを行う「仲介者的存在」であり、競合する見解に直面しながらも柔軟さを示すことができる存在として見なされることにつながっている。「民主的な検察」について様々ある理解のうちの多くにおいて、検察官のアカウンタビリティーは核をなす価値である。このように考えると、検察官はその行動や決定について説明するべきなのである。ここに言う決定とは、「起訴しない」という決定も含む。

民主的な検察であるためには、アカウンタビリティーがその重要な一面である一方で、それのみが求められるわけではなく、独立性という価値観もまた必要とされる。この二つの価値観の間には、緊張関係もあるし、また「一つ得れば、その代わりに一つ失われる」というような状況が存在し、アカウンタビリティーの幅が増えると、独立性のそれは減少する（逆もまたあり得る）。つまり、検察官にそのアカウンタビリティーを問うことが多くなると、検察官の独立性は減少してしまう。その逆に、検察官の独立性を確保しようとすればするほど、検察官が外部の関係諸機関――裁判所や国会、そして検察審査会――に対して持つアカウンタビリティーは減少してしまうのである。

ところで、個々の検察官のアカウンタビリティーと、検察組織の集合体としてのアカウンタビリティーは区別して論じる必要がある。日本やドイツ、そしてその他いくつかのヨーロッパ諸国の検察制度においては、個々の検察官がそのアカウンタビリティーを問われるのは、主にその任官や研修、そして組織内部で相談したり、協議することを通してであろう。このような検察制度は、内部の(そして官僚的な)アカウンタビリティーの強固な形態を伴うものである。しかし、日本やドイツの検察制度においては、外部に対するアカウンタビリティーについての欠陥があるとも言える。これは各検察組織のトップ(地区検事長)の選挙によってそのアカウンタビリティーを問う、アメリカの検察組織と比べると少なくともそう評価せざるを得ないのだ。

「民主的な検察」を実現するうえでの難しさの一つは、検察官の独立性を大幅に犠牲にすることなしに、起訴に際して検察官にアカウンタビリティーを問うことができるか、という点である。個々の事件における複雑さや多様性についても、また検察官が多くの事件を処理する必要があるということも認識したうえで、検察官にそのアカウンタビリティーを問うことも、難しい問題となろう。

規範的に言えば、刑事訴追と民主主義について一般化するのは困難である。なぜなら検察官が民主的であるための正解は一つではないからである。少なくとも以下に挙げる四つの異なる方法があろう。

- 検察官は、人々や社会の代表として仕えることで、代表民主主義（代議制民主主義）を促進する。
- 検察官は、法の支配を高めることを目的に持ち、中立性を持ちかつ独立した、検察庁の役人であることによって、法的な民主主義を促進することができる。
- 検察官は、自由や平等、そして尊厳といった、自由民主主義の諸価値を促進することができる。
- 検察官は、市民が刑事司法における意思決定に影響を与えることができるよう奨励したり、それを許可することによって、参加型民主主義を促進することができる。

上に挙げた、「民主的な検察」についての四つの見解は、民主主義を構成する様々な考え方のより糸の、それぞれの違いを強調することで検出し得る。あるいは、互いに矛盾し合う、あれか、これかの四つの基準として立ち現れ、刑事訴追を担当する者や機関に対し、それぞれ別のガイダンスを提供する。民主的な検察についてのこれらの見解の中には、補完的なものもあるが、たいていの場合はお互いに矛盾し合うものである。例えば、法の支配を切望しており、また独立性も有する検察官（あるいは検察審査会）は「法的な民主主義」を具現化しようとするかもしれない。しかし検察官のその独立性はまた、刑事手続における市民参加を制限してしまうものでもあるからだ。同じ様に、自身を「公益の代表者」として見なす検察官（あるいは検察審査会）は、二義的にしか「法に仕える者」となり得ない、という問題がある。

検察と民主主義について行われてきた学術研究は、「公益の（人々の）代表としての検察官が、人々の望みに対して敏感に反応するという、プリンシパル＝エージェント関係（主従関係）が民主主義であるという、狭い理解に独占されてきたきらいがある[30]」と指摘している。本書の主な目的の一つは、民主主義的な諸価値が刑事訴追によって促進される、或いは逆に妨げられる様々な場面に注意を払うことで、日本における民主主義と刑事司法についての概念を明らかにするところにある。

本章を閉じるにあたり、検察官が民主的であるためには正解は一つではなく、いくつもの方法があり得るのだということを強調したい。「民主主義」は、多くの側面を有するために、興味深く、同時に複雑であると言える。同じことが刑事司法についても言えるであろう。「一般的理解で言えば、私たちが民主主義に貢献するときには常に、他の諸価値との緊張関係が存在する。例えば、リベラリズムや合理性といった諸価値であるが、これらの諸価値はまた、現代の政治文化においても神聖なものである[31]」と言えるが、最終的には、刑事訴追と民主主義についての最も根本的な真実は、対立し合う諸価値の間でこれを取る代わりにあれを捨てる、といった難しい選択をしなければならないということである。英国の哲学者であるアイザイア・バーリン（Isaiah Berlin）はかつて以下のように述べた。「明らかなことは、価値は衝突するということである。……大いなる善のなかには共存できないものもある。……私たちは選択することを運命づけられており、すべての選択は回復不可能な損失を必然的に伴う[32]」。

次章では、日本の検察審査会制度の起源とその活動について述べる。この制度は、太平洋戦争の「暗い谷間」の時代に顕在化した諸問題に対処するために、ＧＨＱ占領下で設計されたものである。その時期、日本政府は、戦争が終わって、多大なる帳尻合わせと国家の再稼働に躍起になっていたわけである。この意味において、検察審査会制度を語ることは、日本が戦後民主主義国家に変容しようとしていた時期について語るという、より大きな物語の一部を成すものなのである。

# 第2章　検察審査会の誕生と運用

本章では、検察審査会の起源とその運営のされ方を、二つの局面に分けて説明する。一つは、検察審査会が戦後の占領期にアメリカと日本の政府関係者の妥協の結果として設立されたこと、そして1948年に制定された検察審査会法が2004年に改正され、一定の条件の下で強制起訴が可能になったことを説明する。[1] そしてもう一つは、検察審査会がどのように機能するのか、米国の大陪審や特別検察官とどのように違うのか、主だった相違点についても言及する。歴史的・手続的基盤を踏まえたうえでの、検察審査会制度の様々な影響については、第3章と第4章で分析したい。

## 検察審査会の誕生

2004年、裁判員法と改正検察審査会法の二つの法律が可決され、2009年に施行された。いずれの法律も、刑事手続への一般市民の参加を促進し、刑事司法と民主主義の質的向上を目的としているが、裁判員制度に比べると、検察審査会制度については、研究者によっても、ジャーナリストによっても、その研究は少ないのが現状である。

日本における一般市民の刑事司法参加という観点から、最も注目すべき出来事は、１９２３年に公布（１９２８年施行）された陪審法である。この陪審法は、死刑又は無期刑にあたる刑事事件は法定陪審事件として原則陪審裁判となり（但し、被告人は陪審制を辞退することもできた）、懲役３年を超える刑事事件については、被告人が請求する場合にのみ、請求陪審事件として陪審裁判に付される制度であった。施行初期には、陪審裁判はそれなりに人気のある選択肢であり、施行翌年の１９２９年には早くもピークを迎え、１４３人の被告人が陪審裁判を選択している。しかし１９３０年代後半には、陪審裁判の人気は翳り、法定陪審事件でも毎年数人が陪審裁判に付されるのみであり、請求陪審事件に至っては、１９３５年以降は誰も選択しない状態が続いた。そして１９４３年、陪審法は戦時中の措置として、遂に停止されることになった。一般市民が刑事司法制度に参加することを可能にしたこの陪審法は、「使わざることによって疎外され、法律の専門家によって虐げられた」存在であったのである。

日本の陪審裁判の衰退にはいくつかの説明がある。その主な原因は日本の文化によるものだと考える人も多い。この見方では、日本人は統治制度（ヒエラルキー）や公式の専門知識を非常に信頼しているため、一般市民よりも専門家によって判断されることを好む、としている。しかし私たちの見解では、戦前の陪審制度の終焉は、文化的な不適合ではなく、その構造的欠陥によって引き起こされたと考える。その最たるものとして、陪審裁判を受けることを選択した被告人には控訴が許されなかった点が挙げられる。特別な理由がある場合には大審院に上告することができたが、被告人にとって陪審裁判を選択することは、上訴する権利を放棄し、有罪判決を覆し、あるいは量刑を減らす機会を自ら断ち切る結果を招来することと同義であった。また裁判官は、陪審員の出した結論が自らの心証と異なる場合には、その陪審評決を拒否することも出来た。そして、戦前の陪審制度が衰退した最大の原因は、陪審裁判が裁判官裁判よりもはるかに多くの無罪判決を出したことにある(陪審裁判の無罪率は17・6%)。その結果、検察官と司法省(当時)当局は、陪審裁判の判決を過小評価することになった。1943年の陪審法停止という結果は、当局による市民参加制度の軽視と意図的な不使用によるものであったと考えられる。

日本の刑事司法制度は、1868年の明治維新から1945年の太平洋戦争終結までのその姿について、慈悲と残忍さの両方を持つ「ヤーヌスの顔」に似ていると言われる。検察や裁判所は、被疑者被告人の権利を守る姿勢を示す一方で、同時に警察の違法行為を黙認した。1925年の治安維持法の制定後、日本政府のファシスト化はますます進み、検察官は自らの敵を起訴し、仲間を保護し、政治問題に介入することで権力を増強した。この時期の日本は「パターナリズム警察国家」と呼ばれ、「政治的異論者の抑圧と政治的反体制派の討伐」に目立った特徴があった。この歴史的時代には「検察ファシズム」という表現も使われている。1945年の敗戦後、アメリカ主導のGHQ(連合国軍最高司令部)は、日本を「非軍事化および民主化」しようとし、いくつかの点においてそれは成功した。とりわけ天皇の役割は統治者から象徴へと大幅に制限され、農地改革、財閥解体が行われ、言論の自由やその他の市民的自由が保障され、新憲法である日本国憲法の第9条は戦争の放棄を謳い、さらに軍隊の維持と派遣を禁じた。現代の日本社会に承継されている民主主義の性質や司法制度の機能などの多くは、1945年の敗戦から1952年に連合国による日本統治が終了するまでの占領期間中の「勝利者と敗者の間の相互作用《インタープレイ》」に由来すると言われる。同時に、戦前の体制がそのまま戦後にも承継されたものも数多く存在した[2]。これらは「貫戦期の連続性」と呼ばれ、その中でも顕著なものとして、検察が日本の刑事司法において引き続き支配的な役割を担ってきたことが挙げられる。

## 1948年の検察審査会法

起訴に関する広範な裁量権を依然として独占している検察制度に対して、GHQは日本における「検察の民主化」を試みた。その結果として、1948年7月に日本の国会によって制定されたのが検察審査会法である。しかし、この検察審査会制度は、米国主導のＧＨＱと日本の官僚機構との妥協の結果生まれたものであった[3]。まずＧＨＱは、米国での起訴慣行に基づいた二つの主要な検察改革案を提出した。一つは、検察の起訴権をチェックする一般市民で構成される大陪審である。二つ目は、公選で地方の主任検察官を選出する検察官公選制である。これらの提案には、日本政府の強い抵抗があった。ＧＨＱとの折衝に当たった佐藤藤佐《さとうとうすけ》氏は、最高裁判所において１９４９年１月に開催された会同における講演（講演時は佐藤氏は法務庁行政局長官）で当時を振り返り以下のように語っている[4]。

（前略）この法律（筆者注：検察審査会法）は、一昨年の暮れころから昨年の春にかけまして約半年の間もみにもんで文字通りでっち上げた法律なのであります。その最初に当たりまして、司令部の方から検察の民主化のために何か制度を考えろという課題を課せられまして、どうもその名案を得ませんので、躊躇しておりましたところ、向こうから今度具体的な二つの問題を課せられたのであります。その一つは、検察の民主化を図るために検察官を公選したらどうか、選挙によって検察官を任命するという方法はどうかということで、もう一つは、起訴、不起訴に当たって陪審制度を利用していわゆる起訴陪審（グランドジュリー）の制度を採ったらどうかという問題であります。この問題については長らく論議せられておりますので、即座に私どもと致しましてもどうも賛成しかねる。いずれの点も我が国の現状においては採用し難いことを屢々申し上げたのであります。（後略）

結局、日本の保守派は検察官公選制の提案を阻止し、検察庁法第23条を改正して「検察官適格審査会」を設置した。これにより、一般市民ではなく、国会議員や最高裁判事、日本弁護士連合会（日弁連）会長、学識経験者11人に、検察官の職務遂行能力の適否を審査させる現在の制度が生まれたのである。また、佐藤氏は大陪審の創設提案についても、次のように述べて反対している。

（前略）第二の起訴陪審でありますが、これまた全然経験のない制度でありますけれども、既に公判の陪審については我が国においても経験済みなのであります。その当時の事情を回顧致しまするど、どうも日本の国民性に陪審制度というものがなじまないのではないかというふうに感ぜられるのであります。また、一部には、日本の国民の民度からいっても陪審にいまだ適しないのではないか、というような声もあるのであります。その当時と致しましては、裁判官は、一部の者の中には、常識が足りない、あるいは独善であるというような非難がありましょうけれども、とにかく国民において陪審員の判断よりは専門の裁判官の判断の方が信頼があるということは、これは間違いない事実だと思うのであります。そういう点から考えますると、どうも起訴、不起訴を決定するに全然素人の陪審員を以て決定させるということは、やはり日本の現状と致しましては、適当ではあるまいという結論を得まして、是非陪審を勘弁してもらいたいということを再三折衝致しまして、それでは起訴陪審に代わる何らか検察事務の実行について民意を反映せしむる方法を考えたらどうか、ということで考え出されたのがこの検察審査会法の新しい制度なのであります。

（後略）

結局のところ、GHQは、日本側の強い反対のために、米国式大陪審ではなく検察審査会制度に同意せざるを得なかった。検察審査会が創設された当時、このような制度は世界のどこにも存在しておらず、それは現在においても同様である。佐藤氏によれば、言うならばそれは「こっちはこっちで新しい制度として考えよう」としたものであった。検察審査会制度研究の先駆者の一人でもある神戸大学名誉教授の三井誠氏は「公訴権行使の適正化を図るために、刑事司法に国民が参加するユニークな制度」と表現し、ミシガン大学ロースクール教授のマーク・ウェスト氏は「独自(ユニーク)な日本的」制度であると呼んでいる[⑤]。

確かに、検察審査会は起訴の決定において「国民の意志を反映する」ことを意図した新しい機関である。しかし、この制度は、次の二点において非常に保守的な特徴を有していた。第一に、検察審査会は、検察官の下した「不起訴処分」についてしか検討できないことである。検察官の「不当な起訴権の行使」をチェックするように設計された米国大陪審とは対照的に、日本の検察審査会の主な機能は「不当な不起訴」をチェックするように設計されている。結果として、米国大陪審制度は「起訴数の削減」を実現しているのに対し、日本の検察審査会制度は「起訴数の増加」を実現することになる。第二に、検察審査会制度がスタートした1948年から、「強制起訴」が導入された2009年までの半世紀以上もの間、検察審査会は検察官の不起訴処分について、強制力のない助言しかすることができなかった。検察審査会の議決は、あくまでも法的拘束力のない助言であることから、検察官は検察審査会の助言を無視する可能性があり、実際にしばしば聞き入れられなかった。一部の検察審査会のメンバーは、自らの影響力の限界に非常に不満を持っていたため、検事正に「建議勧告」を提出し、検察審査会の決定を尊重するように求めた。例えば2005年、東京の検察審査会は「検察審査会の審査に応じて、検察官が不起訴の決定を覆すことが殆ど無いと感じている」とし、「検察審査会の決定が尊重されない場合、それは憲法秩序の基本である国民主権の原則に反する行為である」と述べた。日弁連も同様の懸念を表明した。しかし日本や他の多くの国では「国家訴追主義」の前提が依然として根強く、検察官が国家の刑事訴追機関として公訴権を独占している状況を変革するためには、半世紀以上の時間と、相当な熱量を持つ有志の努力が必要であった。そして2004年、「強制起訴」を発動する権限が、ついに検察審査会に付与された(施行は2009年)。それがどのような過程を経たのちに獲得されたかについては、次の項で説明したい。

## 検察審査会の改革

いわゆる「改革」とは、誰かのイニシアティヴによって実現するものであり、そのイニシアティヴを示す人々や機関は、自分たちの信念と使命感に基づいて、特定の集団に対して運動を展開する「道徳的起業家」に喩えることができる。2004年に実現した検察審査会の強制起訴改革は、日本の刑事司法制度へのより多くの市民参加を求めて運動を継続してきた「道徳的起業家」の熱意から生じた。最も持続的な推進力となったのは、まずは日弁連であり、さらにこの改革やその他の一般市民参加改革のために巧みに、そして熱心にロビー活動を行ってきた、弁護士であり法学部教授の四宮啓氏を含む一部の日弁連メンバーたちとその支持者たちである。

1975年、日弁連は報告書の中で、一部の検察審査会の決定に拘束力を持たせるべきであると意見を述べた。しかし、検察権限のチェックを強化するためのいくつかの努力と同様に、この改革の試みは失敗に終わった。⑥ 権力を抑制されたくない検察官からは当然ながら相当な抵抗があり、学界の一部からも反対意見が出された。最も一般的な反対意見は、検察審査会の評決に拘束力を持たせると、より多くの罪のない被疑者が起訴から裁判に至る刑事手続に巻き込まれることを余儀なくされるというものであった。日本では「犯罪者」という汚名のレッテルがもたらす影響は大きく、とくに研究者の間では起訴数と有罪判決数の増加が、無実の被疑者にリスクを負わせることを正当化できないとの批判の声も多い。これらの理由から、一部の批評家は、検察審査会の決定に拘束力を持たせるのではなく、主にその使命と効果についての広報活動に力を入れることによって、検察審査会の役割や目的を一般市民に広く周知し、一般市民の検察に対する関心を高めることで、社会的チェック効果を増幅すべきであると主張した。

2004年、検察審査会法は、次の三つの社会的な動きが合流することで、ついに改正されるに至った。その一つが、犯罪被害者の権利や利益の保護を社会に問題提起し続けてきた、犯罪被害者の権利運動である。もう一つは、日本の刑事司法を一般市民に対してよりオープンにしようとした司法制度改革運動の成果が挙げられる。そして最後に、福岡高裁の裁判官の妻が加害者となったストーカー事件において、福岡地検の次席検事が、当該裁判官に捜査情報を漏洩したという「福岡高裁判事妻ストーカー事件」(2000年)の発生もまた大きな要因になった。

**①犯罪被害者の権利運動**　第一に、検察審査会法改正の推進は、1990年代に加速した日本の犯罪被害者権利運動に端を発している。第1章で説明したように、この運動は日本の刑事司法をやや懲罰的なものにした。それに伴う検察改革もまた、より厳しい刑罰を目的とした刑事司法改革の波に乗って発生した。犯罪被害者権利運動の拡大によって一般市民の関心が刑罰の厳罰化に傾き、その声に後押しされたかのような、いわゆる「ペナル(厳罰)ポピュリズム」によって、検察改革の一部は、駆動された。2000年には、検察審査会法もこの検察改革の一環として改正されたことにも注目したい。この2000年改正により、犯罪の被害者が死亡している場合には、その配偶者や直系親族、兄弟姉妹等の遺族が検察審査会に審査を申し立てることが可能となった。改正以前は、遺族は検察審査会の審査を要求できなかったため、検察審査会は代わりに独自の「職権による」審査を開始することがあった。

②司法制度改革　第二に、１９９０年代後半に、政府に影響力のある日本経済団体連合会（経団連）が、法の意欲的な提案と、より広範な「司法制度改革運動」を提示したことで、検察審査会改革はその勢いを増した。経団連は、多くの企業が、商業関連の事件を処理するため、より迅速な応答性の高い裁判手続制度と、より活発な法曹が必要であると考えていたため、この司法制度改革を推し進めたのである。日本は、戦後数十年間にわたり、政府の強力な官僚機構によって、日本企業の利益を保護・促進してきたが、この日本企業に有利な扱いは、規制緩和とグローバリゼーションの新自由主義時代を迎えるにあたって衰退し始めた。日弁連による司法制度改革の推進により、政府は「司法制度改革」を国の議題に据えるようになり、司法制度改革審議会を内閣に設置した。この一連の流れが原動力となって様々な改革が提案されたのである。進歩的な提案の一つは、裁判員が刑事裁判に参加する制度の導入であり、もう一つの提案は、一部の検察審査会の議決に「法的拘束力を与えるシステム」の導入であった。２００１年、司法制度改革審議会はその役割を終えるにあたって、最終意見書で以下のように説明している。

（前略）同時に、公訴権行使の在り方に民意をより直截に反映させていくことも重要である。検察審査会の制度は、まさに公訴権の実行に関し民意を反映させてその適正を図るために設けられたものであり(検察審査員は選挙権者の中から抽選により選定される。)、国民の司法参加の制度の一つとして重要な意義を有しており、実際にも、これまで、種々の問題点を指摘されながらも、相当の機能を果たしてきた。このような検察審査会制度の機能を更に拡充すべく、被疑者に対する適正手続の保障にも留意しつつ、検察審査会の組織、権限、手続の在り方や起訴、訴訟追行の主体等について十分な検討を行った上で、検察審査会の一定の議決に対し法的拘束力を付与する制度を導入すべきである。(後略)

**③福岡高裁判事妻ストーカー事件**　検察審査会法は、司法制度改革審議会が2001年に最終意見書である「司法制度改革審議会意見書——21世紀の日本を支える司法制度」を出した3年後の2004年に改正された。しかし、検察の評判を著しく傷つけた、この社会的なスキャンダルが浮上しなければ、改革は順調には進まなかったかもしれない。

このスキャンダルは、2000年に福岡地方検察庁の次席検事が福岡高裁判事に捜査情報を漏らしたものであるが、そのもととなった事件は、判事の妻が、彼女の元交際相手の男性と三角関係にあった女性に対してストーカー行為を繰り返していた、というものであった。判事の妻は、〝殺してやる〟、〝夜中に火に包まれて一家全滅〟といった脅迫メールを送付していた。また、被害者の勤務先に嫌がらせの電話をかけたり、被害者の娘が通う小学校にビラを撒いたりしていた。ビラには、「【被害者の名前】はHが大好きで、他の子のお父さんと寝るのが得意です」等の内容が書かれていた。

福岡地検の次席検事は、福岡高裁の判事に対して、判事の妻に対する検察の捜査が進行中であることを知らせ、二人の女性間に早急に示談などの措置をとるように勧めて、弁護士を判事に紹介するなどした。メディアはまた、次席検事が捜査情報を判事に漏洩し、捜査を妨害した疑惑があると報じた。実際に、判事の妻が脅迫に使用したプリペイド式携帯電話を警察は押収できず、妻のパソコンの通信履歴は消去されていた。このスキャンダルは大きな社会的ニュースになり、ついに次席検事自身が調査されるに至った。結局、国家公務員法の守秘義務違反で彼を起訴するには「嫌疑不十分」と検察は結論付けた。この処分を受けて福岡の検察審査会は、この事件について「職権」で捜査を開始し、不起訴は適切ではないとする「不起訴不当」と結論付け、検察にさらなる捜査を促した。しかし、検察はこの次席検事を再び不起訴とし、彼は、停職6カ月の処分を受けるに止まった。次席検事はこの処分の後に引責辞任している。福岡高裁の判事は、最高裁判所大法廷の分限裁判において、配偶者の弁護と支援において裁判官が行うことができる適切な制限を超えたと判断されて戒告処分となった。その後、国会の裁判官弾劾裁判所に訴追されることを辛うじて逃れた後に退官した。2001年1月、判事の妻は、脅迫罪、住居侵入罪、器物損壊罪、名誉毀損罪、偽計業務妨害罪で起訴され、同年12月、懲役2年の実刑判決を受けた。

福岡のスキャンダルは、全国の検察官に対する国民の信頼を傷つけた。2000年3月に開かれた司法制度改革審議会の第51回会議では、法務省大臣官房長(当時)の但木敬一氏が事件について詳しく語った。彼は後に検事総長になり、司法制度改革運動においても最も影響力のある人物の一人となる。第51回会議で但木氏が官房長として発言した際、福岡の事件は「検察全体の問題と捉えるべきだ」と強調していた。但木氏は法務大臣から受けたとする四点の指示について以下のように説明した。但木氏は検察内部の不祥事を語るときにはあまり聞かれないような率直さで語っている。以下、第51回司法制度改革審議会議事録から抜粋してみたい。

まず第一点は、検事は常に権限を持った椅子に座っているために、市民感覚から遊離しているのではないか。それを埋めるためには、今後、検事を一定期間、市民感覚を学ぶことができる場所等で執務させる必要があるのではないか。受け入れの環境が整わなければなかなか実現できないかもしれませんが、私たちの願いを申しますれば、半数以上の者が弁護士事務所等の非権力機関に行くべきではないか、そこで、仕事をして学ぶべきではないかというふうに思っております。

それから、第二点の指示は、幹部を含む検察官の基本的在り方について、教育を徹底することということであります。被害者あるいは捜査現場の第一線の捜査官、これらの人々と協議し、あるいはこれらの人々から色々な形で講義を受けて、そして検察官自らも互いに議論することによって、検察官のあるべき姿を取り戻すべきではないか。特に、問題となりますのは、やはり強大な権限を持っているからこそ、今回の事件が起きたのであり、また、ある意味では不起訴になったのも、そうした広範な裁量権に関わる事案であったからであろうと思っております。この裁量権を行使する者が不公平であるということになりますと、これは国民にとっては誠に耐えられないことである。今回の国民の怒りというのも、そういうところから当然出てきているものと考えておりまして、そういう意味では、あるべき検察官というのは、権限を持った者は常に謙虚でなければならない、これを徹底して身に付けていかなければならないと思います。事実について謙虚であり、また、他の人に対して謙虚であるという検察官像というのをやはりつくっていかなければいけないであろうというふうに思っております。

第三点でございますが、これまで判検交流というのがしばしば裁判官と検事との関係を密にし過ぎているのではないかという御批判をいただいてまいりました。この点については、必ずしも交流それ自体を全面的に否定するというのが正しい解決とは思いませんが、現在の交流の在り方は、明らかに一方に偏しておりまして、裁判官から検事になるというのだけが非常に大きくて、他の交流はほとんど絶無という状態でございますので、これはいかにもバランスを失して、それゆえに緊張感に欠けるところがあるのではないかというふうに思っておりまして、大臣の指示も、今後は、そういう一方に偏した交流ではなくて、さまざまな交流、例えば、弁護士から検事、あるいは検事から弁護士、あるいは検事から裁判官、こういう種々の交流をやっていくべきではないかという指示でございます。

第四番目の指示は、起訴した事案につきましては、裁判所がこれに対する批判をしてもらえるシステムになっておりますが、不起訴になった事案については、こうした掣肘はないということから、現在あります検察審査会、これを重視することによって、国民から直接的な監視をいただく必要があるのではないかというふうに考えております。その意味で、検察審査会の一定の議決に法的拘束力を与えることが必要ではないかというふうに考えております。もう一点は、現在あります検察審査会の勧告・建議の制度を充実、強化いたしまして、いったんこれに基づく勧告・建議が行われた場合には、対象庁は必ずこれに対する応答をしなければならない。事の性質上、公表できない場合は除いて、必ずその建議と勧告、並びにこれに対する応答は公表しなければならないというような制度を考えるべきであるという指示をいただいております。

この重要な時期に、こうした事態を招きまして、国民から司法に対する不信感を突き付けられ、当審議会にも大変御迷惑をお掛けしたことを重ねておわびを申し上げます。

但木氏の検察内部や刑事訴追を監督する制度に対する叱責は、福岡スキャンダルで浮き彫りになった検察内部の最も顕著な問題点のいくつかを要約しているだけでなく、検察審査会法の改正をめぐる議論にも影響を与えた。このような過程を経て、改正検察審査会法は２００４年に公布され、５年後の２００９年に施行された。この改正によって、検察審査会の議決は、要件を充たせば「強制起訴」という法的拘束力を持つことになったのである。但木氏が主張したように、改革はまた、検事正が検察審査会の勧告や建議に応じて取った措置を検察審査会に通知することを要求している。これらの改革は、２０１８年に検察官の司法取引を可能にする改正刑事訴訟法が施行されるまで、検察関連における戦後最大の法変革であったと言えよう。

## 検察審査会の運用

検察審査会は全国165カ所にあり、地方裁判所や主な地方裁判所支部内に設置されている。検察審査員は公職選挙法の定める選挙人名簿から無作為に選ばれた11人で構成され、任期は6カ月となっている。任用開始時期をずらしているため、検察審査員の約半数が3カ月毎に入れ替わり、11人全員が連続した6カ月の任期を務めることはできない。したがって検察審査会が「起訴相当」の議決をした場合、検察官が再度捜査して再び不起訴の通知(3カ月以内に検察官からの対応通知がない場合も含む)があると、検察審査会は再び当該事件を審査することになるが、検察審査員の顔ぶれが1回目の審査と変わっている場合もあるため、2回目の議決が1回目の議決と異なる結果を出す可能性もある。検察審査会議は四半期ごとに招集されるが、検察審査会長(11人の検察審査員の中から選任される)が必要と認める時は、いつでも検察審査会議を招集できる。そのため、大きな管轄区では、より頻繁に(毎週または隔週で)検察審査会議が開催されることもある。また、一部の市民(義務教育未修了者、1年以上の懲役刑・禁錮刑に処せられた者、国務大臣、県知事・市町村長、弁護士・裁判官・検察官等の司法関係者など)は、検察審査員になることができない。

検察審査会法第3条は「検察審査会は、独立してその職権を行う。」と定めている。しかし、検察審査会は11人の一般市民で構成されているものの、公権力から完全に独立した意思決定機関とは言い難く、常に一定の公的機関の影響下にある。検察審査会長は、11人の検察審査員の中から互選により選出されるが、実際のところ、検察審査会は、最高裁判所が任命した裁判所職員で構成する検察審査会事務局(以下、事務局)によって運営されている。検察審査会は、必要な情報・専門知識及び支援を事務局などの裁判所関係者に依存しているからだ。2010年に、ある検察審査員経験者は「検察審査員は、事務局の職員から事件の情報を受け取り、議決書も職員が起草します。私たちは検察審査会事務局に頼らざるを得ません⑦」と述べている。また事務局は、検察審査員を選出する抽選プロセスをも管理し、それには裁判官と検察官は出席できるが弁護士の出席は認められていない。検察審査会法では、質問票の内容や候補者の辞退申出の扱い等を含む抽選プロセスでのわずかな裁量を認めている⑧が、それは透明ではなく、検察審査会事務局の役割も同様である。

検察審査会の事務局への実際的な依存は、確かに検察審査員の行動と決定を形作るものである。最も潜在的な問題となる影響は、検察審査会による議題設定、過去の判例について検察審査会に助言すること、及び検察審査会の声明である「議決書」を起案することである。検察審査会の議決に法的拘束力が認められている現在では、事務局が、強制起訴に結び付き得る「起訴が適切である」とする起訴相当の議決ではなく、強制起訴が発動されない「不起訴は適切ではない」(不起訴不当)の結論に到達させるために、微妙な方法で検察審査会に働きかける可能性もある。実際にそのような運営が行われているという事実は認められないが、現実的な可能性が存在すること自体に問題がある。また、事務局の影響の程度は、それぞれの検察審査会の構成や個性・価値観等によっても変化する。裁判員制度においては、裁判官と裁判員の間に発生する頻繁な議論が、相互の意思形成にどのように作用するのかについての研究が進んでおり、その関係性が明らかになりつつある。それに比較して、検察審査員と事務局(事務官)の相互作用についてはほとんど知られておらず、さらなる研究が必要である。

近年の研究に依れば、ほとんどの検察審査会では、事務局の担当者が非公式の法律顧問を務めており、最初の事件審査では事務局が任意に検察審査会に助言することができる。また、一度目の審査で「起訴相当」の決議が出た場合、検察官が再び不起訴処分の通知をすると、検察審査会は二度目の事件審査をすることになる。検察審査会法では、このときに検察審査会の正式な法律顧問(意思決定をする権限はないが、意見を述べるアドバイザー的役割)である「審査補助員」(弁護士)を立ち会わせなければならないと規定している。これらの法律顧問の委嘱は一度目の審査においては稀だが、増加の傾向にある。2015年から2018年の間、検察審査会に提出された審理の1・6%にしか「審査補助員」は関与していないが、主に日弁連がこの制度の認識を高めようとしたこともあり、2019年には5倍の8・2%に増加した(第3章参照)。

「審査補助員」は弁護士の中から選任され、主に以下の三つのことを行う。①事件に関係する法令及びその解釈を説明すること、②事件の事実上及び法律上の問題点を整理し、並びに問題点に関する証拠を整理すること、③事件の審査に関して法的見地から必要な助言を提供することである(検察審査会法39条の2第3項)。しかし、これらのサービスの提供にも微妙な問題が存在する。専門家の意見が増えると一般市民の感性が変化する可能性があり、検察審査会の自律性が損なわれるのではないかと心配する声もある。これは正当な懸念ではあるが、同時に「審査補助員」は、公的機関等が事務局へ与える影響力をチェックすることで、検察審査会の独立性を確保することに役立つ可能性も認められる。この重要なテーマについては、さらなる研究が必要となるだろう。⑨

検察審査会は、検察官の不起訴の決定に不満を持っている多くの犯罪被害者から審査申立を受けるが、審査申立がない事件でも、検察審査員の過半数の議決によって独自に審査をすることができる。これは職権審査と呼ばれる制度だが、近年では検察審査会の審査件数の90%以上は、被害者または被害者の代理人からの審査申立である。しかし、犯罪被害者が誰であるかが不明な場合もある。1949年から2009年の間に検察審査会が受けた最も一般的な審査申立のひとつに政治資金規制法違反があるが、このような事件では告発を行う者の数が莫大になり、複数の検察審査会が同時に審査する可能性が生まれる。第4章で説明するように、これは2011年に強制起訴され無罪となった小沢一郎氏の場合に起こったことでもある。

日本の検察官は他の民主主義国の検察官の対応と比較して、一般的に起訴に慎重であると言える。警察が被疑者を特定した犯罪のわずか30%しか起訴されず、そのうち3分の1程度しか公判に付されず、約3分の2は主に略式起訴で処理される。起訴するのに十分な証拠がある事件であっても、その半数以上は起訴猶予などの不起訴処分で処理される。いくつかの例外を除いて、日本の検察官は、以下の二つの条件が一致する場合にのみ起訴を決定する。一つは証拠評価に基づいて有罪判決をもたらすと確信しているケースである。二つ目は個人的および政治的考慮事項を加味して、起訴が適切であるとする場合である。

検察審査会は、検察官に質問し、証人を召喚し、そして法的助言を通して、各事件を非公開で審査する。最終的に、検察審査会は三つの選択肢の中から一つを決定し、それを検察官に書面で提示する。最も数が多い議決は「不起訴が適切であった」とする不起訴相当である。この結論は本質的に「検察が事件を起訴しなかったことは正しい処分であった」ことを意味する。１９４９年から２０１９年までの70年間で、検察審査会の処分の85％が不起訴相当である。二番目に数が多い議決は「起訴されなかったことは不適切である」とする不起訴不当で、この決定が出されると、検察官は事件を再捜査して不起訴処分の再考を義務付けられる。１９４９年以降の検察審査会の決定の約13％が不起訴不当である。最も数が少ない議決は「起訴処分が適切である」とする起訴相当であり、本質的に検察官の不起訴処分は間違いであるとする決定である。検察審査会制度が制定されて以来、議決の２％が起訴相当であった。不起訴相当と不起訴不当の決定は、６人以上の単純過半数により決議できるが、起訴相当を決議するためには、検察審査員11人の３分の２以上、つまり８人以上の特別過半数が必要となる。しかし、ほとんどの検察審査会の議決書は実際に何票で議決に至ったかを報告していない。

改正検察審査会法が２００９年に施行されるまで、検察審査会の起訴相当議決は検察官への単なる助言であった。したがって、検察官は起訴相当議決を拒否する可能性があり、またしばしばこれを聞き入れなかった。１９４９年から１９８９年までの40年間で、検察審査会は毎年平均１９３０件の事件を審査したが、１９８１年から１９８７年までの検察審査会活動のピーク時には、審査件数は通年の2倍になった。それでも、検察審査会が審査した事件数は、割合で見ると、検察官による不起訴処分145件ごとに1回という割合であった。「不起訴不当」と「起訴相当」の議決が出る確率を合わせても、同じ40年間で検察審査会が審査した事件数全体の6・8%にすぎない。この議決のうち、検察官が不起訴処分を変更したのは20%であった。したがって最初の40年間で、検察審査会は比較的少数の不起訴処分を審査し、すべての事件のうち、検察官が不起訴処分を変更したものはわずか1・4%であった。これらの数値から、検察審査会は長い間、日本の刑事司法において目立った働きを残すことができず、その機能が十分に活用されていないと見なされてきた。第3章では、検察

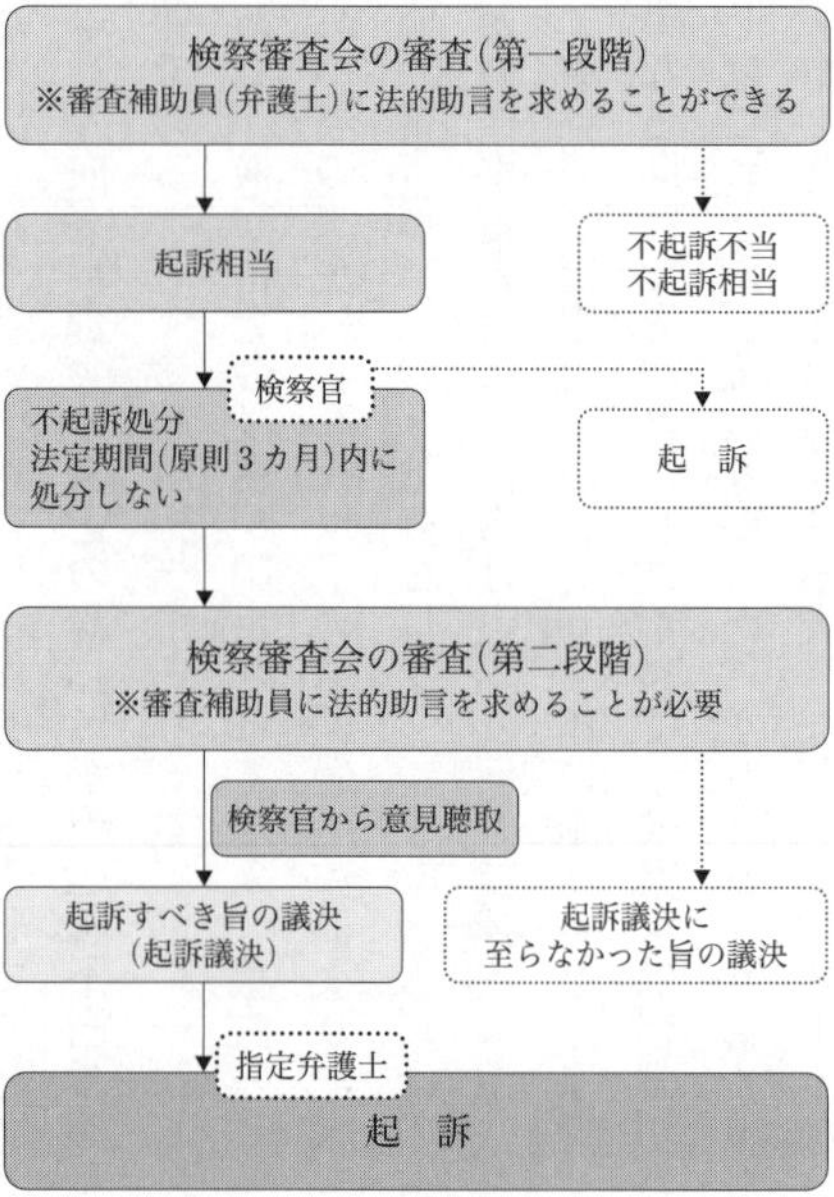


出典：https://www.courts.go.jp/links/kensin/seido_kiso/kiso_image/index.html

**図2-1**　起訴議決制度のイメージ

審査会がもたらした重大な影響を説明することで、この認識の変革を促したい。

図2-1は2009年の強制起訴制度導入後、検察審査会がどのように機能するようになったのかを示している。検察審査会が一度目の審査で「起訴相当議決」を出した後、二度目の審査で「起訴議決」を出した場合、その決定は拘束力を持つことになる。

まず第一段階では、検察官が事件を不起訴とし、その不起訴処分に対して検察審査会に審査申立(あるいは職権審査)がなされ、その審査の結果「起訴相当」(1回目)とする決議が出た場合、検察官は不起訴処分について再考をしなければならない。再考の結果、検察官が再度の不起訴処分とした場合、検察官はその判断に至った理由を検察審査会に説明しなければならない。検察官が不起訴とした場合、または3カ月以内に何らの処分もしない場合は検察審査会は第二段階の審査を行う。検察審査会は事件を再検討し、さらに再び「起訴すべきである」(2回目)とする結論に至った場合には、検察審査会は起訴すべき旨の「起訴議決」をすることになり、この「起訴議決」は法的拘束力を持つことになる。この二段階プロセスから生じる起訴は、「強制起訴」と呼ばれ、第4章で詳細に説明する。強制起訴制度がスタートした2009年5月から2021年5月までの12年間で、合計14人の被告人が関与した10件の事件において「強制起訴」があった。強制起訴事件の有罪判決率は14%で、裁判で有罪判決を受けた被告人は2人だけであった。

検察審査会が「起訴議決」をして強制起訴となった場合、議決書の謄本を受けた地方裁判所は、検察官の役割を果たす「指定弁護士」を指定する。指定弁護士は弁護士の中から指定されるが、地方裁判所がその管轄区域内にある弁護士会に対して、指定弁護士の推薦を依頼するという形式を慣行としているため、各弁護士会はその選定について重要な発言権を持つ。東日本大震災後の福島第一原子力発電所の事故の責任を追及するため、東京電力の旧経営幹部が強制起訴されたような複雑な事件では、複数の指定弁護士が指定されることがある。強制起訴となる事件のほとんどにおいては、検察官はもともと不起訴にするつもりであったため、事件の捜査が不十分であることも多い。そのため、指定弁護士は公判を維持するために補充捜査をする必要に迫られる。指定弁護士には、検察官と同様な捜査権限(被疑者の逮捕、強制捜査、証人尋問等)が与えられており、検察事務官や司法警察職員に対して指揮権を有する。しかし、現行の検察審査会法では、検察事務官や司法警察職員に対する捜査の指揮は、検察官に嘱託してこれを行わなければならないとされており(検察審査会法第41条の9第3項)、日弁連は指定弁護士が直接捜査の指揮を執れるような制度に変えるよう働きかけている。日弁連はまた、指定弁護士の報酬を上げるよう求めている。東電福島第一原発事故事件では、指定弁護士に支払われた報酬は年間１００万円未満であったが、この報酬体系では、必要経費を控除すれば利益はほとんど見込めず、赤字を出しながらの業務となってしまうからである。同時に日弁連は、検察審査会の正式な法律顧問である審査補助員に対する報酬増額も提案している。現在は、検察審査会の会議に出席した時間に対してのみ報酬(日当3万7００円)が支払われているが、これでは会議の準備のために膨大な事件記録を検討したり、検察審査会事務局と事前の打ち合わせをする時間等は一切考慮されていない。無償の仕事を強いられることで、熱心に検察審査会の業務に取り組もうとする審査補助員の意欲を削ぐ結果になるのではないかと懸念している[10]。

最後に、検察審査会の強制起訴における起訴を判断する基準について考えてみたい。日本の検察官は、起訴は正確な証拠に基づいて行われるべきであり、有罪判決がほぼ確実な場合にのみ起訴すべきであるという基準に厳格に従っていると考えられる。検察審査会でも、検察官と同じような高い基準を採用すべきか、それとも緩和する必要があるのか検討すべきである。この質問には二つの対照的な答えがある。一つは、起訴はそれ自体が被告人にとって深刻な負担であり、検察官の起訴と検察審査会の起訴で基準が異なることは許されないと考え、起訴を判断する基準は、検察官が採用するものと同じであるべきだとする見解である。これに対して、検察審査会が強制起訴するための起訴を判断する基準は、検察官の起訴判断基準よりも低くすべきであるという見解がある。なぜならば、その方が現在起訴されていない犯罪の起訴を可能にし、第1章で述べたように、被害者、抑止力、民主的起訴の観点から見た利益に役立つからである。この考え方によれば、検察審査会の役割は一般市民の常識を反映させることであり、検察の基準が正しいという前提で進めることは、市民による監視という目的に相反することになる。刑事司法における犯罪抑止と適正手続のバランスをどうとるかという問題に客観的な正解が存在しないのと同様に、起訴の判断基準に関するこの問題にも客観的な正解はない。そして、これらの相反する見解の緊張関係は、検察審査会の意思決定や審査プロセスに関する公的な議論の中で繰り返し議論されるテーマでもある。

## 検察審査会は大陪審と見なされるか

検察審査会は日本の大陪審と呼ばれることもあり、この二つの機関にはいくつかの共通点がある。どちらも検察権力の濫用を防ぐために市民に監視を委託することで、検察官の意思決定に影響を与えている。同時に二つの機関には多くの機能的な相違点があり、検察審査会を米国大陪審と同一視することは「大陪審の機能を逆転させる」ことになる[11]。その違いを明らかにする前に、大陪審制度の機能を説明する必要がある。

米国憲法修正第5条には、「大陪審の告発または起訴によるものでなければ、死刑又は自由刑を科せられる犯罪の責を負わされることはない」という規定がある。米国の連邦制度では、死刑や重罪の被告人となった者は、検察官が提出した証拠が十分なものであるか、また刑事告発をすべきだという検察官の判断の両方を大陪審に審査してもらう権利があることを意味する。州レベルでは、それぞれ異なった大陪審の基準が適用される。すべての重大犯罪(重罪)について大陪審による起訴が必要とされる州もあれば、死刑事件の場合にのみ大陪審による起訴が必要とされる州もある。

大陪審の規模も地域によって異なり、連邦制度では16人から23人の市民で大陪審は構成される。大陪審が起訴するために必要な法的基準である「相当な理由」を立証するために検察側が十分な証拠を提示しても、大陪審は必ずしも起訴する必要はない。この意味で、米国大陪審は日本の検察官と同様に「起訴を停止する」、いわゆる起訴猶予の権限を持っている。

英米の大陪審は、歴史的に見て、国家の強大な刑事権力から市民を守る盾として機能してきた。イギリスの慣習法(コモン・ロー)では、大陪審はしばしば国王にとっての敵を起訴することを拒否した。植民地時代のアメリカでも、三つのニューヨーク大陪審が、国王の陪審裁判廃止を批判した新聞を発行したジョン・ピーター・ゼンガーを起訴することを拒否した。このように大陪審は、政治権力と国民の間の緩衝材としての役割を果たし、刑事追訴の是否を社会の常識に照らして判断していたのである。一方で、アメリカの大陪審には古くから、召喚状の発行などの捜査権限や、政治事件や社会問題について報告書を提出する権限が与えられている。

しかし時が経つにつれ、米国大陪審は、市民と政府の間の盾というよりも、検察官が刑事追訴を正当化するための道具となってしまった。重要なのは、アメリカの検察官が大陪審のすべての手続をコントロールしていることである。実際、大陪審の審理には、裁判官や弁護人さえも出席できない。今日では検察官は大陪審にほとんど何でもさせることができ、大陪審は国の権力機関の一部とも言われている。例えば検察官は一つの大陪審で失敗しても、別の大陪審を召集して同じ事件での起訴を求めることができる、いわゆる「ハムサンドだって起訴できてしまう」状況にある、ということだ。元ルイジアナ州知事エドウィン・エドワーズは、20以上の大陪審の調査を受け、最終的に1998年に恐喝、マネーロンダリング、郵便詐欺、振り込め詐欺の罪で起訴され、有罪判決を受け、連邦刑務所で10年の刑に処せられた。同様に、アメリカの検察官は、大陪審で不起訴になっても、予備審問で一人の裁判官に「相当な理由」を納得させることで、刑事追訴を行うことができる。つまり、強大な刑事権力から一般人を守る盾とするアメリカの建て前論が主張するような大陪審の市民チェック機能は、実現されていない。

最後に、大陪審は「正当な理由」を立証する十分な証拠があっても、起訴を拒否することができるが、検察官に起訴を強制することはできない。言い換えれば、大陪審は、検察官の承認(通常は署名の形で)なしに起訴状を発行することはできない。従って、大陪審が検察官を阻止できるように、検察官も大陪審を阻止できる。この相互的な意味で、検察官と大陪審は「お互いを牽制する役割を果たす」のである。

以上の説明からわかるように、アメリカの大陪審と日本の検察審査会では、大陪審は検察官の起訴判断を審査し、検察審査会は検察官の不起訴判断を審査するというように、機能が大きく異なっている。多くの国では、不起訴処分が議論や非難の対象になることはほとんどなく、メディアや一般市民が知ることも少ない。しかし、日本では、検察審査会による審査の可能性があるため、検察官は、不起訴の決定が審査され、２００９年からは覆される可能性があることを知っている。この意味で、強制起訴改革は、検察官が公訴提起の決定に対する独占的な権力を持たなくなったことを意味する。しかし、ここで強調しておきたいのは、大陪審は国家の追訴権限を抑制するために設計されたのに対し、検察審査会はより多くの刑事追訴を生み出すために設計されたということである。これが、この二つの制度の最も基本的な違いである。

## 検察審査会は日本の特別検察官なのか

検察審査会はアメリカの特別検察官にも比較されるが、この類推も的を射ていないと言える。両者には多くの大きな違いがあるからだ。

1973年、後にウォーターゲート・スキャンダルとして知られる事件の初期段階で、エリオット・リチャードソン司法長官は、ワシントンDCのウォーターゲートホテルにあった民主党全国委員会の本部に何者かが侵入した事件を調査するために、アーチボルド・コックス元訟務長官を司法省の特別検察官に任命した。この侵入事件は、現職のリチャード・ニクソン大統領が勝利した1972年の大統領選挙の5カ月前に起こった。その後の捜査で、コックスは大陪審を利用して、ホワイトハウス執務室内の録音テープの召喚状を入手したが、録音テープの提出を拒否するニクソン大統領は行政特権を発動して、司法長官にコックスの解任を命じた。コックスは最終的に解任されたが、その後、レオン・ジャウォルスキーが新たに特別検察官に指名され、引き続き録音テープの提出を求めた。この問題は連邦最高裁判所まで争われた。ニクソン大統領は最終的に議会による弾劾の可能性に直面するより前に、不名誉なかたちで辞任した。

ウォーターゲート事件の余波を受けて、米国議会とジミー・カーター大統領は、1978年の政府倫理法の一部として特別検察官法を制定した。この法律により、特別検察官という独立した部署が設立された。その後、法律の様々な条項が強化・緩和され、その名称も「独立顧問」「特別顧問」と呼ばれることもあるが、特別検察官の選任・解任は最終的には司法長官の手に委ねられている。

この法律の支持者たちは、特別検察官は政府高官の汚職・腐敗防止に必要な存在であると主張する。一方、この法律の批判者たちは、特別検察官は政敵を攻撃し、攪乱するための武器になると考えている。特別検察官法が制定されてからの10年間に、世間を騒がせた捜査が9件もあり、カーター、レーガン両大統領の政権にとって「常に政治的ダメージの原因」となっていた。また、特別検察官の捜査対象が1件に限られることから、この法律は本質的に起訴に偏っているとの見方も多かった。第1章で述べたように、ここにアメリカの検察官の最も危険な権限の一つがある。それは、ある人物を特定し、その人物に対する何らかの事件を求めて法律を検索する能力である⑫。

このような批判を受けて、特別検察官法は1992年に失効した。1994年に復活したが、1999年に再び失効した。その後、米国では連邦レベルの特別検察官の任命は、司法省の内規に基づいて司法長官が任命するという形で運用されている。最近では、ドナルド・J・トランプ氏が勝利した2016年の大統領選挙に対するロシアの政治干渉を調査するために、ロバート・ミューラー元FBI長官が任命されたケースがある。州や地方レベルでも、地方検事と事件の当事者との間に利害関係がある場合には、特別検察官が任命されることがある。

検察審査会制度についての著名な研究者の一人は、米国の特別検察官に関する上述の懸念は「日本においても同様で、一人の市民の要請や圧倒的多数の奔放な力によって、特定の人物に対する検察審査会の審査を求める場合には、念頭に置くべきである」と主張している⑬。しかしながら、日本の検察審査会とアメリカの特別検察官は、少なくとも次の四つの主要な点で異なっていると考える。第一に、検察審査会のメンバーは検事総長やその他の法律家によって任命されるのではなく、日本の選挙人名簿から無作為に選ばれる。第二に、検察審査会は一つの事件や被告人に焦点を当てるのではなく、複数の事件を同時に審査する。第三に、検察審査会の目的は、アメリカの特別検察官の主な任務である「政府上層部の汚職の取締り」よりもはるかに広く、あらゆる種類の刑事事件において問題となりうる不起訴処分を審査することである。最後に、検察審査会が政治的反対勢力（野党等）への攻撃に使われたことはほとんどない。強制起訴の時代になっても、このようなあからさまな告発攻撃はほとんど行われていないが、政治家の小沢一郎氏を強制起訴した事件については、その動機、方法、効果において「政治的」であったことを示す証拠もある(これについては第4章を参照)。

## 結論

日本の検察審査会は、世界でも類を見ない独特な機関である。戦前(1945年以前)の「検察の問題」に対する懸念から、GHQの占領政策という特殊な歴史的状況の中で日本の検察審査会は生まれた。日本の刑事司法に民主的な説明責任を導入するために、検事正の公選制と検事の起訴決定を審査する大陪審制を提唱するアメリカ政府関係者と、それに抵抗する日本政府関係者との間の、妥協の産物として創設された。戦後の日本の刑事司法には、戦前からのシステムも数多く継承されているが、その中で最も顕著なものが、検察官が刑事司法制度のほぼすべての段階で中心的な役割を果たし続けていることである。しかし、すべてが戦前と同じという訳ではない。1948年に制定された検察審査会法は、検察官の不起訴処分を審査する権限を市民に与えた。それは、検察官の起訴処分を審査することができなかったり、検察審査会の議決は単なる助言に過ぎなかったりといった、限られたものであったが、2004年の改革で後者については一部変更された⑭。前者については現在も変わっておらず、検察審査会は不起訴処分の事件のみを審査している。改正検察審査会法が施行された2009年以降、検察審査会は同一事件で2回「起訴すべき」と結論づけた場合、強制起訴を行うことができるようになった。本書の残りの章では、この変化やその他の検察審査会の慣行が日本の刑事司法に与えている影響を探っていく。

# 第3章　検察審査会の影響

2000年代初頭の段階では、全国に201カ所の検察審査会が置かれていたが、これは各地の地方裁判所の管轄に対応するものであった。しかし最高裁が2008年1月に、過去20年間の年間平均事件数が1件未満であった56カ所のうち離島部を除く、計50カ所を廃止し、受理事件数の多い管轄区に新たに14カ所の検察審査会を置いたことで、計165カ所となった。この統廃合により、検察審査会の合計数は約20%減少したことになる。これは、検察審査員を務める市民の「負担」を軽減し、検察審査会における「審査を充実化させる」ためという、「合理化」の名のもとで正当化されたものであった。

検察審査会のこの統廃合はほとんどメディアの注目を集めることがなかったが、しかしこれは地方に住む人々にとって、検察審査会による審査を利用する機会が狭められてしまったことを意味する。2009年5月から施行されることが決まっていた改正検察審査会法の主な目的が、検察審査会の権限やその関与を強めようとしていたことであったにも拘わらず、逆に弱体化させることになってしまう、という批判もあった。この統廃合はまた、検察審査会制度の根本的な前提――不起訴にされた事件について、地理的にも文化的にも近い距離にいる、その地域の住民が審査すべきである——とも矛盾するという批判もあった。もっと広い視点でみると、この統廃合は、日本の刑事司法における市民参加をこれまでも長きに渡り損なってきたパターンであり、問題の一部である。つまり、検察審査会制度を周縁に押しやり、この制度を「曖昧」化させ、「活用」させないためだ、という批判もあった。筆者のうちの一人も、以前に日本の検察官制度について出版した本の中で、この日本の検察審査会制度の周縁化について強調し、検察審査会制度が活用されるようになったとしても、「検察官が公判へのインプットに対して及ぼしているコントロールにほとんど影響を及ぼさないであろう」と述べている。

これらの批判とは対照的に、改正後の検察審査会制度は、「社会変革の手段」であり、それは日本の「脱植民地化」を促進する力を有しており、日本において「熟議型」の「参加的民主主義」を養成することになると、賞賛する見方もある。(1)本章の目的は、検察審査会制度による影響を示す証拠が、一般的な説明で済ますことのできるよりもっと込み入ったものであるということを示して、この制度に対するこれらの好対照の意見をもっと複雑にしてみよう、というところにある。確かに、検察審査会制度はある点においては「十分に活用されていない」と言えるし、その影響も控えめであろう。しかし同時に、検察審査会制度は、日本における刑事訴追を重要なかたちで、そして多くの場合、良い方向に、形作ってきたとも言えるのである。

本章の次項では、検察審査会が受理し、審査する事件のデータを使い、検察審査会の活動を「俯瞰的」な視点で検討してみよう。データを分析して分かった主要な点は、検察審査会が検察官の不起訴処分について審査した際に、実に90%以上のケースにおいて、「検察官の判断は適切であった」と結論付けているという点である。この点においては、検察審査会は検察官の意思決定に対する社会の支持を強化することによって正当化する、保守的な機能を果たしていると言えよう。本章第2項・第3項では、検察審査会が検察官による不起訴処分を審査した後、検察官に「検審バック」し、当初の検察官の判断を変えるよう促した場合どうなるかについて論じる。検察審査会により「検審バック」された場合、その約4分の1のケースで、検察官は不起訴から起訴に処分を変更していることが分かった。筆者らはまた、検察審査会によるインパクトの中で、注意が向けられないけれども、おそらくは最も重要なものについても論じる。それは、検察官が「検察審査会の影」を気にして、事件がそもそも検察審査会の審査にかかることや、それに伴って社会やメディアから非難されることを避けたいと考えて、事件を起訴するという場合である。「検審バック」にしても「影の影響」にしても、検察実務に対して市民の影響を反映させているという意味で進歩的であると言えよう。本章では最後に自民党議員であった政治家・金丸信氏の事件について触れる。金丸氏の事件においては、検察官が彼に対し過度に寛容な扱いを行ったということについて、市民からの大量の異議や審査申立が検察官や検察審査会に対して出された後、１９９３年になってやっと脱税事件で起訴された。金丸氏の事件は、効果的で民主的な法の執行にとって社会からの信頼がいかに重要であるかを示している。

つまり要約すると、検察審査会制度が日本の刑事司法に与えている影響は、見えやすいものであると同時に見えにくく、保守的であるのと同時に進歩的でもある。民主的な検察をうまく機能させるという困難な試みにおいては、検察審査会は様々な分野横断的な機能を有することになり、時の経過に伴いその機能も変化していくのである[2]。

## 俯瞰的な見方

検察審査会は「大忙し」という状態なのだろうか。表３-１は１９８９年～２０１９年の間に、検察審査会に対して審査が申し立てられた数（被疑者数である。以下同じ）である。この30年間の間に平均すると年間３２６８件の審査申立があり、これは単純計算すると、一つの検察審査会あたり一年間に15件から20件の事件を審査しているということになる。表３-１からは、１９９３年に審査申立の数が爆発的に増加していることが分かる。これは、佐川急便事件や、

**表 3-1　検察審査会への審査の申立(内訳)と建議・勧告**

| 区分／年次 | 審査事件 総数 | 申立 | 職権 | 建議・勧告 |
|---|---|---|---|---|
| 1989 | 1,216 | 1,103 | 113 | - |
| 1990 | 1,276 | 1,114 | 162 | - |
| 1991 | 1,172 | 1,043 | 129 | 3 |
| 1992 | 2,359 | 2,249 | 110 | 1 |
| 1993 | 41,515 | 41,389 | 126 | - |
| 1994 | 1,691 | 1,583 | 108 | 2 |
| 1995 | 1,359 | 1,249 | 110 | 1 |
| 1996 | 1,384 | 1,266 | 118 | - |
| 1997 | 1,200 | 1,092 | 108 | - |
| 1998 | 1,205 | 1,080 | 125 | 2 |
| 1999 | 1,614 | 1,484 | 130 | 1 |
| 2000 | 1,880 | 1,765 | 115 | 2 |
| 2001 | 2,324 | 2,264 | 60 | - |
| 2002 | 2,330 | 2,292 | 38 | - |
| 2003 | 2,295 | 2,256 | 39 | - |
| 2004 | 2,666 | 2,615 | 51 | - |
| 2005 | 2,648 | 2,609 | 39 | 1 |
| 2006 | 2,603 | 2,569 | 34 | - |
| 2007 | 2,274 | 2,242 | 32 | 1 |
| 2008 | 2,039 | 2,006 | 33 | - |
| 2009 | 2,663 | 2,613 | 50 | 1 |
| 2010 | 2,304 | 2,273 | 31 | - |
| 2011 | 2,094 | 2,069 | 25 | 1 |
| 2012 | 2,174 | 2,131 | 43 | - |
| 2013 | 1,947 | 1,899 | 48 | - |
| 2014 | 2,080 | 2,043 | 37 | 1 |
| 2015 | 2,209 | 2,174 | 35 | - |
| 2016 | 2,191 | 2,155 | 36 | - |
| 2017 | 2,544 | 2,507 | 37 | - |
| 2018 | 2,242 | 2,215 | 27 | - |
| 2019 | 1,797 | 1,733 | 64 | - |
| 1949〜2019 | (100.0%) | (92.2%) | (7.8%) | 545 |
| 累計 | 178,001 | 164,166 | 13,885 | |

出典：平成5年(1989)〜令和元年(2019)における「刑事事件の概況(上)」『法曹時報』第43巻2号(1991)〜73巻2号(2021)をもとに作成．また，1992年(平成4年)の受理の申立のうち，1,178件，1993年(平成5年)の受理の申立のうち40,176は，東京第一検察審査会の政治資金規正法(量的制限)違反事件関係である

著名な政治家であった金丸信氏に対する捜査における問題(これについては後述する)が明るみに出たことによる社会の怒りが引き起こしたものであった。外れ値であるこの年の数を除いて考えると、審査申立件数の一年あたりの平均値は約40％減少し、2000件そこらであり、これ

は一つの検察審査会あたり、年間10件の審査を行っているということになる。検察審査員の任期は6カ月であるから、通常であれば一人の審査員がその任期中に審査するのは5件ということになろう。こうやって計算してみると、検察審査会の仕事量は「控え目」と言えるだろう。急いで手抜き仕事をしなければいけないほど多くもなく、閑古鳥が鳴くというほど少なくもない、というところである。

１９９３年に事件数が急増したことを除けば、過去30年間、検察審査会の審査件数の数は徐々に変化している。１９９０年代後半に日本で犯罪が増加すると、審査申立も増加し、２００４年、２００５年、２００９年には年間２６００件を超えた。しかし、検察審査会制度が改正された２００９年以降は、審査申立件数の著しい増加は見られなかった。実際、２０１０年代後半（２０１５年～２０１９年）における検察審査会に対する審査申立件数は、２０１０年代前半（２０１０年～２０１４年）のそれより、４％しか増えていない。つまり、強制起訴制度の登場が刺激となって、検察審査会制度がよく利用されるようになった、ということはなかった。さらに言えば、２０１８年から２０１９年にかけては、検察審査会に対する審査申立件数は20％も減少し、１９９９年以降で最も低い総数となったのである。

表３-１に示すように、検察審査会が審査を開始するには二通りのルートがある。一つ目は、

市民たる「申立人」からの「審査申立」を受けて審査を開始するというルートであり、二つ目は「職権」、つまり検察審査会が自らの権限により審査を開始するというものである。数で言うと、申立人からの「審査申立」が職権を大きく上回っている。2019年には27対1、1989年から2019年の30年間の平均では12対1であった。「職権」による審査開始は重要な意味を持つことがある。ある裁判官の妻が起こしたストーカー事件の捜査情報を福岡地検の検察官が加害者の夫である裁判官に漏洩したとされる事件が不起訴処分になったことについて、福岡の検察審査会は職権による審査を行ったが、このことは検察審査会法を大きく変えた改正につながったとも言える(第2章参照)。一方、年を追うごとに職権審査が大きく減少していることも指摘できる。1989年から2000年までは年間で常に100件を超え、毎年平均113件の職権審査が行われていた。一方、2001年から2019年までは、年間の職権審査件数が64件を超えることはなく、年間平均で40件にとどまっている。これは、その前の12年間に比べて約3分の1に減少していることになる。

検察審査会がその職権により、不起訴処分の審査を開始することが少なくなったのにはいくつか理由が推測できる。まず、日本では1990年代には犯罪が増加したため、その結果、検察審査会はより多くの審査申立を受け取ることとなり、職権による審査を行う時間が少なくなったのではないか、という点である。第二に、検察審査会制度が制度として成熟するにつれ、その審査プロセスが日常化し、結果として、職権による審査は端に追いやられるようになったのではないか、という点である。日常化は時の経過に伴って起こることが多いが、検察審査会事務局(裁判所職員である)が検察審査会の活動における議題を設定する権限を有していることも、職権による審査の減少傾向を促進したのかもしれない。職権による審査が急激に減少したことは、法改正や政策の変更と関連している可能性もある。2000年の検察審査会法改正によって、被害者が死亡した後、その配偶者、直系の親族又は兄弟姉妹が申立人の役割を引き継ぐことができるようになった。この改正以前は、検察審査会は被害者が亡くなったことを知ると(当の被害者以外は審査申立ができなかったので)、職権で審査を開始するという動機が存在したわけである。

2000年以降に職権による審査が減少したことは、この20年の間に検察審査会が、より消極的になったことを示している。それは、検察審査会が消極的になっている兆候の二つ目を示している。表3-1は、検察審査会が検事正に対して行う「建議・勧告」の激減である。これは、検察審査会が検察の政策や実務を改善するために行う一般的な提案である。例えば、1956年には長崎県の検察審査会が、検察官は事件を不起訴処分にした後、告訴人に速やかにそれを通知するべきであると勧告した。また、1958年には新潟県の検察審査会が、公職選挙法違反の疑いをもっと積極的に捜査するよう検察に勧告した。このように一般的な提案がなされることは、その一つのケースだけでなく、多くのケースにおいて検察官の行動を形成する可能性を有しているため、重要である。1949年から2018年までの70年間に、全国の検察審査会から合計540件の「建議・勧告」が出されたが、そのうち4分の3(401件)は最初の8年間に出されたものである。その後、検察審査会による「建議・勧告」は激減し、最初の8年間は年平均50件であったが、1960年代には年平均7件、1970年代には年平均3件となった。その後、1980年から2019年までの40年間では「建議・勧告」はわずか合計20件となった。これは平均すると2年に1件の割合である。このように、1960年から2019年までの60年間の合計(121回)よりも、1951年のみの一年間(131回)の方が、検察審査会による「建議・勧告」が出された回数が多かったことになる。

つまり、検察審査会は次の二点において、より「慎重」な姿勢に変容したのである。職権により不起訴処分についての審査を開始することが少なくなったことと、検察の政策や実務について一般的なアドバイスをすることが少なくなったこと、である。このうち、後者の変化はとくに残念なことである。日本では検事正(地検のトップ)を選挙で選ぶわけではないので、刑事訴追という極めて重要な業務を管理する役人に対し、検察について国民が抱いている意見を伝える手段が他にほとんどないからである。「建議・勧告」の数がこのように減少した原因は分からない。検察の問題は戦後の早い時期にほぼ解決され、その後は、検察の標準的な運営の手順は検察審査会にとっても異存のないものとなった、という見方もあろう。このような見方にも一理ある。しかし、検察審査会がこれほどまでに従順になってしまったのは残念なことである。「文明はひとつの運動であり、状態ではない。また、航海であって港ではない」というアーノルド・トインビーの言葉を借りれば、検察にはまだまだ改善の余地があり、検察審査会がこのチェック機能をもっと積極的に発揮すれば、さらなる改善が見込めるはずである。

表3-2は、1949年から2019年までの70年間に、検察審査会が検察官による不起訴処分について、見直しを求めた主な犯罪をまとめたものである。二つのパターンが顕著に見られる。第一に、検察審査会が審査したのは、全不起訴事件のうち、ごく一部である。2019年には、全国165カ所の検察審査会が1429人の被疑者について、その不起訴処分の審査を行ったが、これは一つの検察審査会あたり、平均8・7人の被疑者となる。つまり期間でみると、一つの検察審査会が6週間に1人程度の被疑者の不起訴処分について審査したことになる。特別刑法にかかる事件（道路交通法違反を除く）については、不起訴処分100件に対して1

**表 3-2　審査事件の刑法犯主要罪名別新規人員**

| 罪名＼年度 | 2019 新規人員 | 2019 % | 1949〜2018 累計 施行以来の新規人員 | 1949〜2018 累計 % |
|---|---|---|---|---|
| 総　数 | 1,429 | 100.0 | 120,537 | 100.0 |
| 職権濫用 | 183 | 12.8 | 10,806 | 9.0 |
| 詐　欺 | 130 | 9.1 | 13,826 | 11.5 |
| 暴　行 | 66 | 4.6 | 1,937 | 1.6 |
| 傷害・同致死 | 197 | 13.8 | 9,510 | 7.9 |
| 文書偽造 | 176 | 12.3 | 13,644 | 11.3 |
| 信用毀損及び業務妨害 | 10 | 0.7 | 1,429 | 1.2 |
| 背　任 | 55 | 3.8 | 2,492 | 2.1 |
| 殺　人 | 24 | 1.7 | 5,492 | 4.6 |
| 窃　盗 | 63 | 4.4 | 6,593 | 5.5 |
| 業務上横領 | 40 | 2.8 | 4,383 | 3.6 |
| 毀棄・隠匿等 | 53 | 3.7 | 2,901 | 2.4 |
| その他 | 432 | 30.2 | 47,524 | 39.4 |

「令和元年における刑事事件の概況(上)」図表 189『法曹時報』第 73 巻第 2 号をもとに作成
注 1：被疑者数による延べ人数である．注 2：「殺人」には自殺関与及び同意殺人が含まれる．注 3：「その他」には自動車運転過失致死傷が含まれる．注 4：罪名は，申立によるものは申立書記載の罪名による．
上記以外に，特別法犯 356 人，不明 12 人があった

件以下の事件しか検察審査会の審査に付されていない。もし検察審査会が刑事訴追のあり方を形成していると仮定すれば、それは大量の事件を審査している、ということによってではないことは確かである。

二点目として、検察審査会が審査する刑事事件は多岐にわたるが、主要な犯罪類型は、「交通事故関連の業務上過失致死傷事件、詐欺、横領」と、「名誉毀損、一部の性犯罪」などの被害者からの告訴がない限り検察が起訴できない親告罪の二分野である（性犯罪事件については、２０１７年施行の改正刑法により、親告罪から外された）。これらの犯罪の一部は、

表3-2の「その他」に含まれている。２０１９年度に検察審査会が審査した犯罪のトップ4は、「傷害・同致死(１９７件)」、「職権濫用(１８３件)」、「文書偽造(１７６件)」、「詐欺(１３０件)」である。このうち後ろの三つはいわゆるホワイトカラー犯罪である。同じく２０１９年度の刑法犯の認知件数の70％以上を占める(しかし起訴されないことも多い)「窃盗」に関しては、検察審査会が審査した全事件の５％未満であった。同様に、２０１９年に検察審査会が審査した犯罪のトップ10の中には、犯罪発生率(人口10万人あたりの認知件数)で見ると低い、「強盗」や「強制性交等(旧強姦)」といった重大な暴力犯罪や、薬物犯罪(覚醒剤は日本において最大の違法薬物問題である)は入っておらず、10番目に多かったのは「殺人」(24件)だった。

検察審査会が日本における刑事訴追に影響を与えているのだとすれば、一部の重大犯罪についてそれほど審査しているわけではないにもかかわらず、刑事訴追全体に影響を及ぼしている、と言えるだろう。

表3-3は、２０２０年の不起訴人員の数について、検察官が不起訴とした理由別に示したものである(過失運転致死傷罪及び道交法違反を除く)。起訴されなかった被疑者のうち、69・5％が「起訴猶予」による不起訴である。これは、検察官が起訴するために十分な証拠があると考えたものの、被疑者の更生や被害者への賠償金の支払いなど、様々な理由で起訴を見送ったこ

**表 3-3**　不起訴人員(不起訴の理由別)：2020 年

| 合　計 | 起訴猶予 | 嫌疑不十分 | 告訴の取消し等 | 心神喪失 | その他 |
|---|---|---|---|---|---|
| 152,569<br>(100.0) | 105,986<br>(69.5) | 33,539<br>(22.0) | 6,064<br>(4.0) | 367<br>(0.2) | 6,613<br>(4.3) |

出典：令和 3 年版犯罪白書 2-2-4-3 表　https://www.moj.go.jp/content/001361628.pdf
注 1：起訴猶予は過失運転致死傷罪，道路交通法違反を除いた数値．注 2：「嫌疑不十分」は嫌疑なしを含む．注 3：「告訴の取消し等」は，親告罪(被害者からの告訴がない限り検察が起訴できない犯罪)の告訴・告発・請求の欠如・無効・取消である．注 4：「その他」には，時効の成立，被疑者の死亡などが含まれる．注 5：( )内の数字は，そのカテゴリーの不起訴者全体に占める割合を示す．

とを意味する。一方、不起訴となった被疑者のうち、「嫌疑不十分」を理由とする不起訴は22・0％に過ぎない。仮に検察官が不起訴にする際のその理由が常に正確であると仮定すると(通常はこの仮定は正しいとは言えない)、起訴するために十分な証拠がある場合であっても検察官が起訴しないケースは、嫌疑不十分により不起訴となるケースに比べ3・16倍になる。不起訴処分の7割近くが起訴されていた可能性もあった(起訴されていてもおかしくなかった)というこのパターンは、検察審査会が「起訴猶予」カテゴリーの処分について異議を唱える余地を十分に与えているように思われる。

**検審バック**

表3-4は1949年から2019年までの検察審査会による議決を示したものである。議決には「起訴相当」議決、「不起訴不当」議決、「不起訴相当」議決の三種類がある。最

初の二つのカテゴリーは、検察官による不起訴処分の再検討を求めるという、検察官に対して異議を唱えるものである。この二つのカテゴリーは、検察審査会による「検審バック」とも言うべき概念にあたるもので、これについては、本項と次項で検討していく。

表３-４は、検察審査会とその「検審バック」について、いくつかの重要な事実を示している。第一に、戦後初期においては、検察審査会が検察官に異議を唱えることはより頻繁に行われていたし、また「起訴相当」議決を多く出すことで、より強く検察官に異議を唱えていたことが分かる。例えば、１９４９年から１９５３年の間、検察審査会は審査した事件の約15％について「検審バック」しており、その大部分はより強い意味を持つ「検審バック」であった。一方、表３-４に示されている70年間のうち、中間の5年間（１９８５年〜１９８９年）について見てみると、検察審査会の議決のうち、「検審バック」にあたるものは2〜5％に過ぎず、「起訴相当」という〝強い〟「検審バック」よりも、「不起訴不当」という〝弱い〟「検審バック」の方が、20倍近く多かったことが分かる。検察審査会制度が施行されて20年目の１９６８年になると、〝強い〟「検審バック」が行われた割合は初めて1％を下回った。しかし１９７８年から本稿執筆時（２０２１年）まで、40年以上に渡って毎年、「起訴相当」議決の割合は1％を大きく下回っている。しかもこの期間のうち3年（１９８９年、１９９５年、１９９７年）は、〝強い〟

| 議決結果 / 年次 | 既済総数 | 起訴相当 | 不起訴不当 | 不起訴相当 | その他 |
|---|---|---|---|---|---|
| 1990 | 1,226 | 1 (0.08%) | 36 (2.94%) | 871 | 318 |
| 1991 | 1,344 | 4 (0.3 %) | 41 (3.05%) | 1,063 | 236 |
| 1992 | 1,166 | 1 (0.09%) | 50 (4.29%) | 892 | 223 |
| 1993 | 42,591 | 2 (0.01%) | 10,173(23.89%) | 949 | 31,467 |
| 1994 | 1,288 | 3 (0.23%) | 206(15.99%) | 878 | 201 |
| 1995 | 1,781 | 0 (−) | 59 (3.31%) | 1,528 | 194 |
| 1996 | 1,375 | 7 (0.51%) | 70 (5.09%) | 1,104 | 194 |
| 1997 | 1,328 | 0 (−) | 67 (5.05%) | 1028 | 233 |
| 1998 | 1,149 | 1 (0.09%) | 64 (5.57%) | 843 | 241 |
| 1999 | 1,307 | 1 (0.08%) | 82 (6.27%) | 981 | 243 |
| 2000 | 1,949 | 3 (0.15%) | 105 (5.39%) | 1468 | 373 |
| 2001 | 2,186 | 1 (0.05%) | 149 (6.82%) | 1,740 | 296 |
| 2002 | 2,138 | 5 (0.23%) | 134 (6.26%) | 1,679 | 320 |
| 2003 | 2,296 | 6 (0.26%) | 139 (6.05%) | 1,792 | 3,359 |
| 2004 | 2,577 | 10 (0.39%) | 131 (5.08%) | 2,031 | 405 |
| 2005 | 2,605 | 5 (0.19%) | 142 (5.45%) | 2,111 | 347 |
| 2006 | 2,795 | 15 (0.54%) | 109 (3.89%) | 2,286 | 385 |
| 2007 | 2,396 | 9 (0.38%) | 119 (4.97%) | 1,863 | 405 |
| 2008 | 2,366 | 13 (0.55%) | 117 (4.95%) | 1,734 | 502 |
| 2009 | 2,447 | 11 (0.45%) | 113 (4.62%) | 1,866 | 457 |
| 2010 | 2,320 | 10 (0.43%) | 149 (6.42%) | 1,764 | 397 |
| 2011 | 2,178 | 8 (0.37%) | 123 (5.65%) | 1,724 | 323 |
| 2012 | 2,152 | 8 (0.37%) | 128 (5.95%) | 1,600 | 416 |
| 2013 | 1,968 | 1 (0.50%) | 77 (3.91%) | 1,658 | 232 |
| 2014 | 2,019 | 9 (0.45%) | 114 (5.65%) | 1,670 | 226 |
| 2015 | [26] 2,171 | [0] 4 (0.18%) | 118 (5.43%) | 1,801 | [0] 248 |
| 2016 | [56] 2,343 | [0] 3 (0.13%) | 101 (4.31%) | 2,023 | [4] 216 |
| 2017 | [17] 2,274 | [0] 1 (0.04%) | 67 (2.95%) | 1,895 | [0] 311 |
| 2018 | [43] 2,329 | [0] 3 (0.13%) | 81 (3.48%) | 1,958 | [3] 287 |
| 2019 | [169] 2,068 | [9] 9 (0.4 %) | [43] 134 (6.48%) | [117] 1,640 | [0] 285 |
| 1949〜2019 | 177,405 (100.0%) | 2,422 (1.4 %) | 16,170 (9.1 %) | 105,018 (59.2%) | 53,795 (30.3%) |

出典：1949年〜1997年は，『検察審査会50年史』267-268頁をもとに作成．1998年〜2019年は，平成10年〜令和元年における「刑事事件の概況(上)」『法曹時報』第52巻第2号(2000)〜第73巻第2号(2021)をもとに作成．
注1：被疑者数による延べ人数である．注2：「その他」は審査打ち切り，申立却下及び移送である．注3：[n]＝審査補助員に委嘱した人員．注4：1993年の「不起訴不当」のうち10,106及び同年の「その他」のうち31,248は，東京第一検察審査会の政治資金規正法(量的制限)違反事件関係である．

### 表 3-4　検察審査会による事件の処理状況

| 議決結果 / 年次 | 既済総数 | 起訴相当 | 不起訴不当 | 不起訴相当 | その他 |
|---|---|---|---|---|---|
| 1949 | 303 | 37 (12.21%) | 2 (0.66%) | 210 | 54 |
| 1950 | 601 | 87 (14.48%) | 9 (1.5 %) | 410 | 95 |
| 1951 | 1,703 | 251 (14.74%) | 23 (1.35%) | 1,174 | 255 |
| 1952 | 1,941 | 283 (14.58%) | 2 (0.1 %) | 1,388 | 268 |
| 1953 | 1,756 | 237 (13.5 %) | 6 (0.34%) | 1,265 | 248 |
| 1954 | 1,422 | 116 (8.16%) | 5 (0.35%) | 1,069 | 232 |
| 1955 | 1,760 | 92 (5.23%) | 2 (0.11%) | 1,138 | 528 |
| 1956 | 1,988 | 106 (5.33%) | 21 (1.06%) | 1,422 | 439 |
| 1957 | 1,757 | 71 (4.04%) | 15 (0.85%) | 1,410 | 261 |
| 1958 | 1,763 | 90 (5.1 %) | 34 (1.93%) | 1,306 | 333 |
| 1959 | 1,973 | 71 (3.6 %) | 43 (2.18%) | 1,460 | 399 |
| 1960 | 1,781 | 68 (3.82%) | 52 (2.92%) | 1,365 | 296 |
| 1961 | 1,569 | 40 (2.55%) | 47 (3 %) | 1,175 | 307 |
| 1962 | 1,498 | 34 (2.27%) | 47 (3.14%) | 1,179 | 238 |
| 1963 | 1,784 | 66 (3.7 %) | 54 (3.03%) | 1,374 | 290 |
| 1964 | 1,577 | 59 (3.74%) | 72 (4.57%) | 1,165 | 281 |
| 1965 | 1,754 | 39 (2.48%) | 72 (4.1 %) | 1,300 | 343 |
| 1966 | 2,116 | 137 (5.47%) | 100 (4.73%) | 1,505 | 374 |
| 1967 | 2,256 | 61 (2.7 %) | 133 (5.9 %) | 1,563 | 499 |
| 1968 | 2,546 | 23 (0.9 %) | 129 (5.07%) | 1,922 | 472 |
| 1969 | 2,083 | 56 (2.69%) | 169 (8.11%) | 1,371 | 487 |
| 1970 | 2,157 | 20 (0.93%) | 127 (5.89%) | 1,500 | 510 |
| 1971 | 2,262 | 48 (2.12%) | 184 (8.13%) | 1,622 | 408 |
| 1972 | 2,202 | 38 (1.73%) | 127 (5.77%) | 1,598 | 439 |
| 1973 | 2,534 | 20 (0.79%) | 138 (5.45%) | 1,821 | 555 |
| 1974 | 2,561 | 28 (1.09%) | 132 (5.15%) | 1,849 | 552 |
| 1975 | 2,117 | 4 (0.19%) | 104 (4.91%) | 1,663 | 346 |
| 1976 | 2,045 | 11 (0.54%) | 106 (5.18%) | 1,492 | 436 |
| 1977 | 1,961 | 20 (1.02%) | 152 (7.8 %) | 1,482 | 307 |
| 1978 | 1,927 | 11 (0.57%) | 135 (7.01%) | 1,492 | 289 |
| 1979 | 2,161 | 1 (0.05%) | 99 (4.58%) | 1,679 | 382 |
| 1980 | 2,223 | 6 (0.27%) | 87 (3.91%) | 1,863 | 267 |
| 1981 | 2,099 | (0.24%) | 55 (2.62%) | 1,783 | 256 |
| 1982 | 2,724 | 6 (0.22%) | 87 (3.19%) | 2,268 | 363 |
| 1983 | 2,524 | 5 (0.20%) | 59 (2.34%) | 2,187 | 273 |
| 1984 | 1,620 | 5 (0.31%) | 52 (3.21%) | 1,292 | 271 |
| 1985 | 1,579 | 10 (0.63%) | 48 (3.04%) | 1,232 | 289 |
| 1986 | 2,364 | 2 (0.08%) | 42 (1.78%) | 2,037 | 283 |
| 1987 | 2,033 | 2 (0.1 %) | 93 (4.57%) | 1,796 | 142 |
| 1988 | 1,065 | 2 (0.19%) | 50 (4.69%) | 842 | 171 |
| 1989 | 1,184 | 0 (-) | 58 (4.9 %) | 909 | 217 |

「検審バック」が1件もなかったのである。つまり、検察審査会が検察官の不起訴処分に対して異議を唱えることは少なくなり、異議を唱えたとしても、それを強く主張することは少なくなっている、と言える。

表3-4から指摘できる二つ目の点は、2000年以降でみると、検察審査会が審査して議決を出したケースの数には、年によってわずかな変動がある、ということである。1年間に最も多くのケースが審査された年(2006年は2795件)は、最も少なかった年(2000年は1949件)よりも40%以上多い。この、検察審査会が最も多忙であった年(2006年)では、一つの検察審査会あたり年間平均14件、最も少なかった年では平均10件を審査したことになる。

第三点目として、表3-4は、検察審査会による一度目の審査における「審査補助員」の委嘱の有無について(二度目の審査における委嘱は必須であるが、一度目の審査においては任意である)、過去5年間(2015年~2019年)のデータも示しており、この5年間をみると、審査補助員への委嘱があったのは検察審査会の全審査のわずか2・8%に過ぎないということになる。ただ、2019年においては、審査補助員への委嘱率が8・2%となった。その前の4年間の委嘱率がわずか1・5%であったことと比べると大きな変化である。この急激な上昇の主な原因は、日弁連が検察審査会の意思決定において専門的な法律の知識をより多く提供し、あるいは検察審査会の手続において、より多くのデュープロセスを確保しようと努力してきたことの結果である。第2章で説明したように、これはある意味では歓迎すべきことである。特に、市民が強制起訴を行うことができるようになったことで、被疑者の権利がないがしろにされたり、侵害されたりする危険性が高まっていることに鑑みるとそう言えるだろう。しかし、一つのリスクは、法律専門家が検察審査会の手続に関与することで、市民の声や意見がかき消されたり、端に追いやられたりしてしまう、ということである。過去にも何度か、法律専門家が関与することで、日本の刑事司法における市民参加が損なわれたことがあった。審査補助員という「法律専門家」が検察審査会の意思決定プロセスに「干渉」することは、市民参加の本来の民主主義的な側面を損なうものであり、このような方向性についての批判の声もある。[3]その一方で、審査補助員はその専門知識を活かして、検察審査会が「議決書」を作成する際にはそれを積極的に手助けすることができるようにすべきだ、という声もある。検察審査会を支援したいという思いと、検察審査会の意思決定の自律性を維持することの必要性との間には、明らかな緊張関係が横たわっている。

指摘すべき第四の点は、１９７９年以降のほぼすべての年において、「検審バック」の件数は、検察審査会のすべての議決のうちの7％以上を占めることはなかった、ということである。

また、この期間についてみると、そのすべての年において、「起訴相当」議決が検察審査会の全議決のうちに占めるのはせいぜい0・6%であり、「不起訴不当」議決は全体の4〜6%に過ぎない。これは言い方を変えると、比率で見ると、検察審査会が検察官の不起訴処分に異議を唱えるたびに、検察官の決定を支持する「不起訴相当」議決が10件以上出されている、ということを意味する。検察審査会の中核的な機能のひとつは、プロの検察官が下した不起訴処分を承認し、正当化することだということは明らかである。

ここで示したデータは複雑なものであるため、これから述べる結論は条件付きのものとしてとらえて頂きたい。既に述べたように、検察審査会制度が始まった初期の時期は、「検審バック」の数が、ここ何十年かに比べるとはるかに多かった。検察審査会が検察官の不起訴処分に異議を唱える傾向が低下したことについては、少なくとも二通りの説明が可能であり、そのどちらも真実であろう。一つ目は、刑事司法における登場人物や制度そのものに焦点を当てた、やや狭義の説明である。この説明では、検察審査会制度施行後初期の時期に、検察官に対して投げかけられた「市民の意見」が、その後の検察官の意思決定に影響を与えた、というものである。つまり検察官に対し、検察審査会による審査の可能性を意識させ、ある種の事件を不起訴にすることについて慎重にさせたと考えられるのではないかということである。この説明においては、検察は検察審査会の存在を真摯に受け止め、検察審査会の「影」を意識して判断することで、検察審査会による影響力を受け入れる方法を学んできた、ということになる。

「検審バック」がなぜ減少したかについての二つ目の説明は、より広範に、日本の政治文化の発展に焦点を当てたものである。戦後の改革によって、日本においても民主主義に基づいた一部の制度は一時的に活発になったが、日本の構造的遺産ともいうべき権威主義によって、最終的には「箱の中の民主主義」がもたらされる結果となった。つまり、外見上は民主的に見えるが、その内側においては、議論や反対意見の表明という政治文化――これらは健全で効果的な民主的統治には必要である――が欠如している代物になってしまったわけである。ある著名な学者の分析によれば、「箱の中の民主主義」の特徴は、市民が「過剰な権力に屈すること」と「許容される行動は何かについてのコンセンサスが指示されており、それに従うこと」にあるという。同様に、1945年の日本の敗戦後に起こった「上からの革命」の遺産には、「権威を受け入れる社会化」や「政治的・社会的権力に対する集団的な宿命論の強化に相対して、一般の人々は出来事の流れに影響を与えることがまったくできないという感覚の存在」などが含まれていた。④ 戦後の日本の歴史的・政治的背景を考えれば、検察審査会が時間の経過とともに受動的になっていったのは、ある意味で当然のことかもしれない。

## 検審バックの影響

この節では、表3-5から表3-11に示したデータを使用して、検察審査会による「検審バック」が検察官の意思決定に与える影響を説明する。ここでは、主に直近の20年（2001年〜2019年）に焦点を当てている。検察審査会法のもとでは、検察官が検察審査会の一度目の審査で「検審バック」という結果を受けた場合（「起訴相当」議決あるいは「不起訴不当」議決が出されたことを意味する）、3カ月以内に検察審査会に対し書面で処分について通知する必要がある（検察審査会法第41条、41条の2）。検察官は被疑者を起訴処分とするか、実務にほとんど影響を与えていないという見方もあるが、この項では、検察審査会は審査するうちの、かなりの割合の事件で大きな影響力を持っていることを示す。

表3-5は、2001年から2019年の間に2322件の「検審バック」があったことを示している。年間の平均でみると122件である。この期間中でみると、これらの「検審バック」の5分の1以上（22・0％）において、検察官は不起訴処分から起訴処分にその判断を変えている。検察審査会法が改正される前の8年間（2001年〜2008年）について見ると、検察官は「検審バック」された事件のうちの4分の1以上（27・2％）において、不起訴処分から起

表 3-5 「検審バック」と検察官の事後措置(総数)

| 年 | 検審バック(被疑者の数) | 起訴に変更 | 不起訴維持 | 起訴率(%) |
|---|---|---|---|---|
| 2001 | 135 | 33 | 102 | 24.4 |
| 2002 | 112 | 41 | 71 | 36.4 |
| 2003 | 157 | 45 | 112 | 28.7 |
| 2004 | 141 | 37 | 104 | 26.2 |
| 2005 | 152 | 39 | 113 | 25.7 |
| 2006 | 146 | 49 | 97 | 33.6 |
| 2007 | 99 | 18 | 81 | 18.2 |
| 2008 | 151 | 35 | 116 | 23.2 |
| 2009 | 140 | 36 | 104 | 25.7 |
| 2010 | 159 | 28 | 131 | 17.6 |
| 2011 | 122 | 21 | 101 | 17.2 |
| 2012 | 1,106 | 20 | 86 | 18.9 |
| 2013 | 122 | 16 | 106 | 13.1 |
| 2014 | 114 | 14 | 100 | 12.3 |
| 2015 | 121 | 20 | 101 | 16.5 |
| 2016 | 66 | 13 | 53 | 19.7 |
| 2017 | 85 | 5 | 80 | 5.9 |
| 2018 | 84 | 21 | 63 | 25.0 |
| 2019 | 110 | 21 | 89 | 19.1 |
| 累計 1949～2019 | 18,177 | 1,623 | 16,554 | 8.9 |

訴処分にその判断を変えていた。これは、意固地で頑固で、譲歩しないことで知られる検察官にしては、大いに再考していることを示していると言えるのではないだろうか。改正検察審査会法の施行後最初の11年間(2009年～2019年)においては、検察官が「不起訴処分」から「起訴処分」に判断を変えた率は、3分の1以上低下して17・5％になった。2017年には、この割合は1桁(5・9％)にまで低下したが、2018年には25％に跳ね返った。「検審バック」後に検察官がその処分を変える割合が2009年以降に低下した理由は分からない。検察審査会制度が改正されて、検察審査会には強制起訴の議決を出す権限が与えられた。その結果として、検察官は検察審査会の提案にあまり関心を払わなくてよくなった、という可能性もあるかもしれない。つまり、「私の方で不起訴処分を変える必要はないでしょう。制度が改正されたことで、あなた方検察審査会はいまや、起訴すべきだと考えれば自分たちでそう決められるんですから」とでも言うように。しかし、これは単なる仮説であり、事実に基づく検証ではない。この点はさらに詰めて検証される必要があるだろう。

戦後の長期間に渡り、「検審バック」それ自身の動向はほぼ同じ傾向を示している一方で、検察官がこの「検審バック」を受けて、それに従うかどうかについては、時系列を追ってみていくと様々な傾向を読み取ることができる。検察審査会制度が創設されてからの70年間(19

４９年～２０１９年）の間には、１万８１７７件の「検審バック」があり、その約８・９％において、検察官は「起訴処分」へと、その判断を変えている。この期間の最初の50年間（１９４９年～２０００年）について見てみると、検察官が「起訴処分」へと処分を変更した割合は、約７・４％で、これは約14件に1件、ということになる。近年、この割合の増加が顕著である。表３-６に示すように、２００１年から２０１９年までの期間において、検察官が起訴処分に変更した割合（22・０％）は、１９４９年から２０００年までの変更率の約３倍である。なぜこのようにその割合が上昇したかについてはいくつか理由があろう。最も重要な理由として考えられるのは、検察官の役割に対する自己認識が、〝まず第一に「公益の代表者」である〟ということから、近年、刑事手続において被害者の権利がより重視されるようになったために、〝「被害者の代理人」である〟ことにも重きを置くようになったという変化であろう。⑤

　表３-７から表３-10は、２００１年から２０１９年までの期間において、「検審バック」されたケースについて、検察官が

**表 3-6**　「検審バック」後の検察官の起訴率（1949 年～2019 年）

| 年　代 | 検審バック（平均/年） | 起訴数（起訴率） |
|---|---|---|
| 1949-2000 | 15,855(305) | 1,180( 7.4%) |
| 2001-2019 | 2,322(122) | 512(22.0%) |
| 2001-2008 | 1,093(137) | 297(27.2%) |
| 2009-2019 | 1,229(112) | 215(17.5%) |
| 1949-2019 | 18,177(256) | 1,623( 8.9%) |

出典：数値は，表 3-5 から算出した．

なぜ起訴しないと判断したのか、その原不起訴理由別に、詳しくみたものである。表3-7は、検察官が「起訴猶予」、つまり起訴するのに十分な証拠はあるが敢えて起訴しなかった場合に、検察審査会がその事件を審査して、検察官に再考を促すために「検審バック」したケースについてのデータをまとめたものである。この20年の間に、検察が「起訴猶予」の判断を「起訴」に変更したケースは、「検審バック」されたケースの3分の1以上(34・3%)にのぼる。これは、表3-6に示しているように、2001年から2019年までの期間において、「検審バック」後に検察官が処分を変更して起訴した、原不起訴理由全般における割合(22・0%)より50%以上高い。この間、原不起訴理由が「起訴猶予」のケースでは、一転起訴となった割合が最も高かったのは52・9%(2007年)、最も低かったのは11・8%(2013年)で、表3-7にまとめた19年間のうち、その7年においては40%を超えていた。ここにおいても、検察官が検察審査会の「検審バック」を受けて、当初の考えを変えることがよくあるという証拠が示されている。そして、原不起訴理由が「起訴猶予」であった場合には、「検審バック」後に検察官が起訴処分へと判断を変える可能性が最も高いことも示されている。この点は予測可能であると言えるであろう。つまり、これらのケースにおいては、証拠が十分にあるかどうかではなく、起訴すべきかどうかがそもそも問題となっていたからである。[6]

表3-8は、検察官が「嫌疑不十分」、つまり起訴するには証拠が不十分と判断して不起訴にした事件について、検察審査会が「検審バック」にしたケースのデータを示している。2001年から2019年にかけて、原不起訴理由が「嫌疑不十分」の事件について「検審バック」された事件は、原不起訴理由が「起訴猶予」のケース（568件）の約3倍（1606件）であった。

**表 3-7 「検審バック」と検察官の事後措置（原不起訴理由は「起訴猶予」）**

| 年 | 検審バック（被疑者の数） | 起訴に変更 | 不起訴維持 | 起訴率（%） |
|---|---|---|---|---|
| 1997 | 28 | 15 | 13 | 53.6 |
| 1998 | 19 | 9 | 10 | 47.4 |
| 1999 | 28 | 15 | 13 | 55.6 |
| 2000 | 39 | 20 | 19 | 51.3 |
| 2001 | 41 | 13 | 28 | 31.7 |
| 2002 | 38 | 16 | 22 | 42.1 |
| 2003 | 41 | 17 | 24 | 41.5 |
| 2004 | 32 | 9 | 23 | 28.1 |
| 2005 | 32 | 12 | 20 | 37.5 |
| 2006 | 44 | 19 | 25 | 43.2 |
| 2007 | 17 | 9 | 8 | 52.9 |
| 2008 | 52 | 18 | 34 | 34.6 |
| 2009 | 40 | 18 | 22 | 45.0 |
| 2010 | 61 | 16 | 45 | 26.2 |
| 2011 | 25 | 6 | 19 | 24.0 |
| 2012 | 23 | 10 | 13 | 43.5 |
| 2013 | 34 | 4 | 30 | 11.8 |
| 2014 | 25 | 7 | 18 | 28.0 |
| 2015 | 16 | 7 | 9 | 43.8 |
| 2016 | 14 | 3 | 11 | 21.4 |
| 2017 | 6 | 2 | 4 | 33.3 |
| 2018 | 14 | 5 | 9 | 35.7 |
| 2019 | 13 | 4 | 9 | 30.8 |

**表 3-8** 「検審バック」と検察官の事後措置（原不起訴理由は「嫌疑不十分」）

| 年 | 検審バック（被疑者の数） | 起訴に変更 | 不起訴維持 | 起訴率（％） |
|---|---|---|---|---|
| 2001 | 92 | 19 | 73 | 20.7 |
| 2002 | 65 | 23 | 42 | 35.4 |
| 2003 | 103 | 26 | 77 | 29.7 |
| 2004 | 91 | 27 | 64 | 29.7 |
| 2005 | 112 | 26 | 86 | 23.2 |
| 2006 | 95 | 30 | 65 | 31.6 |
| 2007 | 74 | 9 | 65 | 12.2 |
| 2008 | 96 | 17 | 79 | 17.7 |
| 2009 | 99 | 18 | 81 | 18.2 |
| 2010 | 92 | 12 | 80 | 13.0 |
| 2011 | 86 | 14 | 72 | 16.3 |
| 2012 | 66 | 9 | 57 | 13.6 |
| 2013 | 68 | 12 | 56 | 17.6 |
| 2014 | 77 | 7 | 70 | 9.1 |
| 2015 | 103 | 13 | 90 | 12.6 |
| 2016 | 49 | 10 | 39 | 20.4 |
| 2017 | 79 | 3 | 76 | 3.8 |
| 2018 | 67 | 16 | 51 | 23.9 |
| 2019 | 92 | 17 | 75 | 18.5 |

しかし前者について、その後検察官が起訴へと変更した割合（19・2％）は、起訴猶予による不起訴処分の場合の変更率（34・3％）の半分強に過ぎない。「嫌疑不十分」のケースでは、検察官が起訴処分へと変更した割合が3分の1を超えたのは2002年（35・4％）のみであった。また、この19年間のうち、その11年は起訴処分への変更の割合が20％以下であったのに対し、表

3-7の「起訴猶予」ケースにおいては、割合が20％以下であったのは19年間のうち1年のみであった。その件数の多さで見ると、原不起訴理由が「嫌疑不十分」の事件についての「検審バック」の方が検察官に与える影響は大きい。しかし、起訴処分への変更の割合でみると、原不起訴理由が「起訴猶予」のケースの方が、いわば打率が高いことが分かる。また、原不起訴理由が「嫌疑不十分」の事件であっても、検察審査会が検察官の不起訴処分に異議を唱えていることから分かるように、検察審査会は(一部の批判にあるようには)検察官に対して決して従順ではない、と言える。

検察官は、「嫌疑なし」と判断した場合には、事件を起訴しない。表3-9によると、検察官が「嫌疑なし」を理由に不起訴にした場合、検察審査会がその事件を審査後に「検審バック」することはほとんどない。2001年から2019年の間に、検察審査会が「検審バック」をしたのは合計115回だけであり、これは1年に平均6回であったことを意味する。これらのケースで検察官が起訴処分に変更したものはなかった。

同様に、表3-10によると、検察官が「罪とならず」と結論付けて事件を不起訴にした場合も、検察審査会が審査後「検審バック」することはほとんどない。原不起訴理由が「罪とならず」であったケースについての「検審バック」は、2001年から2019年の間に10件しか

**表3-9　「検審バック」と検察官の事後措置（原不起訴理由は「嫌疑なし」）**

| 年 | 検審バック（被疑者の数） | 起訴に変更 | 不起訴維持 | 起訴率（%） |
|---|---|---|---|---|
| 1997 | 7 | 0 | 7 | 0 |
| 1998 | – | – | – | – |
| 1999 | – | – | – | – |
| 2000 | 1 | 0 | 1 | 0 |
| 2001 | – | – | – | – |
| 2002 | 7 | 0 | 7 | 0 |
| 2003 | 11 | 0 | 11 | 0 |
| 2004 | 15 | 0 | 15 | 0 |
| 2005 | 5 | 0 | 5 | 0 |
| 2006 | 6 | 0 | 6 | 0 |
| 2007 | 7 | 0 | 7 | 0 |
| 2008 | 3 | 0 | 3 | 0 |
| 2009 | 1 | 0 | 1 | 0 |
| 2010 | 2 | 0 | 2 | 0 |
| 2011 | 4 | 0 | 4 | 0 |
| 2012 | 16 | 0 | 16 | 0 |
| 2013 | 20 | 0 | 20 | 0 |
| 2014 | 8 | 0 | 8 | 0 |
| 2015 | – | – | – | – |
| 2016 | 3 | 0 | 3 | 0 |
| 2017 | – | – | – | – |
| 2018 | 3 | 0 | 3 | 0 |
| 2019 | 4 | 0 | 4 | 0 |

発生しておらず、しかもその10件すべてが、わずか3年間（２００２年、２０１１年、２０１９年）に集中している。興味深いことに、この10件のうち2件は、検察がその後、起訴処分に変更している。例えば、１９９８年5月に、福島県の病院で治療を受けていた患者が、精神神経科医師をナイフで切りつけて殺害し、２人目の医師にも重傷を負わせた事件が発生した。検察

は当初、患者が統合失調症を患っていたことから刑事責任を問えないと判断し、「罪とならず」を理由に不起訴とした。しかし被害者遺族は、いわき検察審査会に事件の審査を申し立てた。いわき検察審査会は、〝被疑者が購入したナイフを隠して持ち込んだことや、逃走しやすいように車を正面玄関に停めていたことから計画性がある〟と判断し、「被疑者が事件当時統合失

**表 3-10　「検審バック」と検察官の事後措置（原不起訴理由は「罪とならず」）**

| 年 | 検審バック（被疑者の数） | 起訴に変更 | 不起訴維持 | 起訴率（%） |
|---|---|---|---|---|
| 2001 | – | – | – | – |
| 2002 | 2 | 2 | 0 | 100 |
| 2003 | – | – | – | – |
| 2004 | – | – | – | – |
| 2005 | – | – | – | – |
| 2006 | – | – | – | – |
| 2007 | – | – | – | – |
| 2008 | – | – | – | – |
| 2009 | – | – | – | – |
| 2010 | – | – | – | – |
| 2011 | 4 | 0 | 4 | 0 |
| 2012 | – | – | – | – |
| 2013 | – | – | – | – |
| 2014 | – | – | – | – |
| 2015 | – | – | – | – |
| 2016 | – | – | – | – |
| 2017 | – | – | – | – |
| 2018 | – | – | – | – |
| 2019 | 4 | – | 4 | 0 |

注：表 3-5，7～10 は以下の出典をもとに作成したものである．

出典：「平成 15 年における刑事事件の概況（上）」図表 195『法曹時報』第 57 巻第 2 号，「平成 20 年における刑事事件の概況（上）」図表 195『法曹時報』第 62 巻第 2 号，「平成 25 年における刑事事件の概要（上）」図表 195『法曹時報』第 67 巻第 2 号，「平成 30 年における刑事事件の概況（上）」図表 195『法曹時報』第 72 巻第 2 号

調症の影響下にあったとは断定できない」として、「不起訴不当」と判断した。これを受けて検察は一転、被疑者の元患者を殺人罪等で起訴することにし、懲役13年を求刑した。被告人は有罪となり、懲役10年の判決が下された。被告人が控訴を取り下げたことでこの有罪判決が確定した。このような驚くべき「変節」の例を別とすれば、検察審査会は検察官が「嫌疑なし」または「罪とならず」と判断して不起訴にした事件について「検審バック」することはほとんどない。また、その「検審バック」により、検察官の意思決定に明確な影響を与えることもほとんどないことが、表3-9および表3-10からは分かる。

表3-11は、「起訴相当」議決あるいは「不起訴不当」議決という、検察審査会からの「検審バック」を受けて、検察が起訴した事件について、被告人が一審でどのような判決を受けたかを示したものである。ここでは、2002年から2019年までデータを示したが、2009年以降は二度目の審査における「起訴議決」後の起訴についてのデータも含まれている。主に三つのパターンが指摘できよう。

まず、2009年に改正検察審査会法が施行された後に判決を受けた被告人の数（年平均16人）は、改正前の数（年平均36人）に比べて減少した。検察審査会による強力な「促し」を受けて起訴され、判決を受ける被告人の数が半分以下になった理由としては、2000年代前半の20

**表 3-11** 検審バック後，起訴された事件(2009 年以降は強制起訴を含む)の第一審裁判終局処理人員(裁判内容別)

| 判決＼年度 | 有罪 | | | | | | 無罪(免訴，公訴棄却を含む) | 総数 |
|---|---|---|---|---|---|---|---|---|
| | 被告人の数 | 自由刑 | 自由刑の執行猶予 | | 罰金 | 罰金刑の執行猶予 | | |
| 2002 | 31 | 8 | 6 | | 23 | − | − | 31 |
| 2003 | 40 | 11 | 7 | | 29 | − | − | 40 |
| 2004 | 42 | 18 | 11 | | 24 | − | − | 42 |
| 2005 | 34 | 12 | 6 | | 22 | − | 1 | 35 |
| 2006 | 54 | 24 | 12 | | 30 | − | 1 | 55 |
| 2007 | 23 | 9 | 4 | | 14 | − | − | 23 |
| 2008 | 27 | 6 | 5 | | 21 | − | 2 | 29 |
| 2009 | 33 | 13 | 9 | | 20 | − | 3 | 36 |
| 2010 | 26 | 11 | 8 | | 15 | − | 2 | 28 |
| 2011 | 21 | 9 | 3 | | 12 | − | 1 | 22 |
| 2012 | 12 | 1 | − | | 11 | − | 4 | 16 |
| 2013 | 17 | 9 | 4 | | 8 | − | 4 | 21 |
| 2014 | 17 | 12 | 6 | | 5 | − | 3 | 20 |
| 2015 | 13 | 7 | 5 | | 6 | − | − | 13 |
| 2016 | 12 | 5 | 3 | − | 7 | − | − | 12 |
| 2017 | 9 | 7 | 2 | 1 | 2 | − | 1 | 10 |
| 2018 | 14 | 7 | 3 | − | 7 | − | 1 | 15 |
| 2019 | 16 | 8 | 5 | − | 8 | − | 3 | 19 |
| 1949〜2019 | 1,444 (93.4%) | 524 | 352 | 1 | 920 | 14 | 102 (6.6%) | 1,546 (100.0%) |

出典：『法曹時報』第 60 巻第 2 号，第 61 巻第 2 号，第 62 巻第 2 号，第 63 巻第 2 号，第 64 巻第 2 号，第 65 巻第 2 号，第 66 巻第 2 号，第 67 巻第 2 号，第 68 巻第 2 号，第 69 巻第 2 号(2007 年〜2016 年)，表 201，第 71 巻第 2 号，表 192「検察審査会の議決後起訴された人員の第一審裁判結果」，第 73 巻第 2 号

注 1：2012 年の無罪判決 4 件には，陸山会事件における政治家・小沢一郎氏に対する無罪判決，尖閣諸島船舶衝突事件における中国船長に対する公訴棄却を含む．注 2：2013 年の有罪罰金刑判決には，強制起訴された事件で初めて有罪判決を受けた徳島県の町長に対する事件を含む．なお，被告人には罰金刑の求刑に対し，科料が言い渡された．注 3：2013 年の無罪判決 4 件には，明石歩道橋事件の被告人に対する免訴判決，JR 福知山線脱線事件の被告人 3 名に対する無罪判決を含む．注 4：2014 年の有罪自由刑(執行猶予付)判決 6 件には，強制起訴された事件で 2 件目の有罪判決となった，柔道教室業務上過失傷害事件を含む．注 5：2014 年の無罪判決 3 件には，鹿児島の準強姦被告事件でゴルフインストラクターに対して出された無罪判決を含む．

年間の日本における犯罪の認知件数の減少を反映している部分もあるだろうが、検察審査会が検察官に「起訴しなさい」と指示を出す傾向が弱まったことも反映していると考えられる。

二点目に指摘すべきは、検察審査会が「起訴相当」あるいは「不起訴不当」として「検審バック」した事件が起訴された結果、その判決は驚くほど寛大なものであった、という点である。この期間（2002年〜2019年）、検察審査会の「検審バック」を受けて起訴された被告人のうち、実刑判決を受けたのは9人に1人（11％）に過ぎない。残りは罰金刑（60％）、執行猶予付の懲役刑（23％）、無罪（6・6％）のいずれかである。いくつか例外はあるものの（日本には死刑制度があり、無期刑となった犯罪者の多くは仮釈放されない）、日本の刑事裁判は、とくにアメリカの刑事裁判と比較すると、被告人に対して寛大な判決を下すことで知られている。[7] しかし、ここで見たように、「検審バック」後に起訴された事件に対して寛大な判決が下されていることから言えるのは、検察審査会が「起訴に値する」と判断した被疑者が格別重大な犯罪に問われているわけではない場合が多い、ということを示している。この点については、上で表3-2について論じた際にも述べたことである。

表3-11について指摘すべき三つ目の点は、改正検察審査会法が施行された2009年以降、「検審バック」を受けて起訴された後に無罪判決が言い渡される確率が上昇したことである。

制度改正以前の8年間（2002年〜2009年）では、無罪判決が言い渡された被告人は7人に過ぎない。しかし、制度改正以降の10年間（2010年〜2019年）では、19人の被告人が無罪になっている。このように、制度改正前は、検察審査会に突き動かされて起訴された裁判の無罪率は2・4％だったが、制度改正後の無罪率は4〜5倍の10・8％になったのである。また、直近の10年間でみると、無罪率（10・8％）は、検察審査会制度が創設されて以来の70年間（1949年〜2019年）全体の無罪率（6・6％）よりも大幅に高い。近年のこの無罪率の上昇は、「強制起訴があるかもしれない」という影を見据えたうえで、検察官が制度改正前に比べると、「検審バック」されて突き返されたケースを積極的に起訴していることもあるのではないか、ということを示唆している。しかし、この分析が当てはまるのはごく一部の事件であろう。なぜなら、表3-5について論じた際にも述べたように、改正制度が施行された2009年以降の最初の10年間で、「検審バック」後の検察官の起訴変更率は実際には約3分の1以上低下しているからである。ここでもまた、検察審査会制度の改正によって示される結果は込み入っていて複雑なものであることが分かる。

では、検察官が不起訴にした事件を検察審査会が「検審バック」したケースを分析した結果、どのようなことが分かったのか。それが個人であっても組織であっても、既成の信念やそれまでコミットしてきたことに反する新しい情報を拒絶する傾向が強いことを示す研究結果がある。医学や心理学の分野では、この傾向を「ゼンメルワイス反射」と呼んでいる。これは、よく知られている認知バイアスである「確証バイアス」や「信念の忍耐力」と同類のものである。えん罪事件では、日本の検察官にも、対抗する主張を否定する傾向が見られると言えよう。しかし、2001年以降でみると、「検審バック」された事件の5分の1以上で検察官は起訴処分への変更に応じているわけであるから、「検察官は頑固だ」と断ずるのは、不当な評価とさえ言えるかもしれない。同様に、検察官が不起訴処分を変更することに積極的とも言える姿勢を示していることを見ると、検察審査会が検察官の意思決定にほとんど実質的な影響を与えていない、という一般的な主張とは矛盾すると言えよう。

もちろん、「検審バック」された事件だけを見ていても、検察審査会が十分に事件を検察官に突き返していると言えるのか、はたまたその数は多すぎるのか、については結論が出ない。続く二つの章でも議論するが、とくに性犯罪やホワイトカラー犯罪など、慢性的に不起訴となりがちな犯罪について、検察官の不起訴処分にもっと頻繁に異議を唱えることができるよう、検察審査会が活性化される必要があると筆者らも考えている。しかし、本章で分析したデータを見ても、検察審査会に審査申立がなされる件数は少ないし、検察審査会が検察官の不起訴処分に異議を唱えることもあまりない。その一方、異議を唱えた場合には結果が変わることが多いという結論が得られた。さらに、その割合は、あまり影響力のない検察審査会が検察官にもっと頻繁に異議を唱えていた戦後の最初の数十年来、着実に増加してきた。この章で分析してきた「検審バック」についてまとめると、「異議申立の数は少なくなったが、それによる変化は大きくなった」とでも言えよう。

## 金丸事件で急増した不満の声

表3-1を見ると、1990年代初頭に検察審査会に対し、市民からの審査申立が急増したことが分かる。この項では、この急増を説明することで、日本の検察と検察審査会についての重要な真実を明らかにしたい。審査申立の急増は、2年間に渡って起こっている。まず、検察審査会への審査申立の総数は1991年の1172件から1992年には2359件と、2倍以上に増えた。そして1993年には4万1515件と18倍にも膨れ上がっている。この1993年の1年間の申立件数は、表3-1にまとめた30年間(1989年〜2019年)の検察審査会への審査申立件数の40%以上である。また全期間を通して次に多い年(2004年)の苦情件

数の16倍にもなっている。また、１９４９年から２００９年までの60年間に検察審査会に審査申立があった事件の中で「政治資金規正法違反」が最も多い理由も、１９９２年から93年にかけてのこの異常なまでの急増にある。

検察に対する国民の支持が安定しているときには、それを実感することは難しいが、国民の支持が急減すると、検察がいかに国民の支持に依存しているかが明らかになる。１９９２年９月、当時、自民党の最高実力者であった金丸信氏が、佐川急便から５億円のヤミ献金を受けて政治資金規正法違反で起訴されたとき、日本の検察の支持率は急降下した。この事件を担当した東京地検特捜部の検察官は、金丸氏に対し、地検に出頭して取調べを受けるという屈辱を与えなかった（金丸氏は、大勢の記者たちがドアの外に張り付いていて家から出られなかったと主張した）。その代わり、「略式手続」という簡略化された手続で処理することによって、金丸氏は罰金を郵送で支払うことが許されたのだ。罰金額は、この犯罪の法定刑の上限である20万円に過ぎなかった。これは、不正に得た寄付金の４日分の利息にも満たない金額である。国会が国政調査権に基づき、金丸氏に国会で証言を求めたところ、金丸氏は「糖尿病の影響で目の手術が必要」と発表した。国会議員による質問がベッドサイドで行われたが、〝酔っていて覚えていない〟と言ってかわした⑧。

日本国中が強い憤りを感じた。これはまさに、第1章で述べた「検察は友だちや仲間に甘い」という、特別待遇のようなものである。ある45歳の会社社長は、抗議を示す市民活動の一環として、東京地検正面玄関の石で出来た看板を黄色のペンキで汚した。全国の新聞は、金丸氏を優遇する検察を厳しく非難する社説を掲載した。また、当時札幌高検の検事長であった佐藤道夫氏は、『朝日新聞』の「論壇」において、同僚である検事の事件処理を厳しく批判した。以下はその抜粋である。

……歴代の検事総長は、検察官の心構えの基本として「厳正公平」「真相の徹底究明」を声高に叫んできている。

法の下の平等を持ち出すまでもない。刑事訴訟法の前では身分、地位、職業のいかんにかかわらず、どんな人でも同じに扱われてきている。隠れもない超大物だから特別丁重に扱う、一介の名もない庶民だからどう扱ってもいい、他の世界ならいざしらず法律家である検察官がそんなことをするわけがないし、できるわけもない。「厳正公平」とはそういうことであり、検察がその長い歴史を通じて「権力に屈せず、権勢を恐れず」任務を果たしてきたことは、先輩から後輩に、折に触れ数々の事例を挙げて語り継がれてきた。そのことをすべての検察官がどんなに誇りに思っていることか。このシンの疲れるシンドイ仕事を支えているのは、その気概だけといってもいい。

「真相の究明」とは、可能な限りあらゆる努力を尽くしてどんな疑問も後に残さないということである。検察官が特別な事情もないのに、安易に現状と妥協して真相の究明を取りやめる。それは公益の代表者として重大な任務違反である。

仮に暴力団との癒着が取りざたされている者から政治献金があった場合、献金を受けたのが団体か個人かあいまいで、個人なら罰金刑、団体なら禁固刑という場合、授受された金の使い道が不明な場合、個人の所得とみられれば脱税の疑いがある場合、それらの追及を怠る検察官がこの世に存在するとは思えない。もし、怠っているとすれば、検事総長の訓示が全く無視されていることになる。

いずれにしろ、特別な人を特別に扱うのは司法の世界で絶対にあってはならぬことである。

司法に対する国民の信頼には揺るぎがないと思われてきた。それは、裁判、検察の場でどんな人をも特別扱いせず、どんな人も差別せずに常に公平を旨として運営してきたことが大きな力になっている。そうなるには、諸先達の血のにじむような努力が注がれてきた。

その成果を今、無造作に投げ捨てるような結果になることは、なんとしても避けるべきではないか。いつの時代にあっても、司法と国民の一体感の醸成を目指しての関係者の一層の努力が必要と思われる⑨。

社会の注目するなかで起こったこれらの批判や抗議行動に加えて、何千人もの市民が東京地検に抗議の手紙を送り、検察による金丸氏の事件の処理の仕方についての不満を訴えた。さらに何千人もの市民が検察審査会に審査申立を行い、金丸氏の汚職の重大性に見合った再捜査と、この事件に対する起訴処分を検察に求めた。検察審査会の活動の数からみるとピークとなった1993年には、審査申立に対して、1万件以上の「不起訴不当」議決が出された(表3-4参照)。この年に受理された審査申立のうち、4分の1近くについて検察審査会は「検審バック」し、さらなる捜査を検察に促しているが、これは過去最高の割合であった。

金丸氏の略式起訴後の数週間、検察は多くの非協力的な証人や被疑者に対応させられることとなった。検察庁での事情聴取や取調べを拒否したり、来ても話そうとしなかったり、捜査官の質問には答えないで金丸事件のことで検察を非難したりする人々もいた。また、5億円の違法な「寄付」に対して金丸氏が20万円しか払わなくてもいいのなら、自分たちの罰金は不当だと言って罰金を払わない者まで出てきた[10]。このような反発は、これまで市民から高い敬意やコンプライアンス、協力を得てきた検察官にとっては衝撃的なものであっただろう。また、検察官の任務遂行能力は、「社会からの同意」という土壌に根ざしていることも思い知らされただろう。この土壌が侵食されると、根が腐ってしまい、組織は効率的に事件を処理できなくなってしまうのだ。

検察はその信頼回復のためにも、佐川事件で金丸氏が国会議員を辞職した後も、世論の反発を真摯に受け止めて捜査を続けた。1993年3月、問題となった略式起訴からわずか半年後、金丸氏は今度は多額の脱税の罪で再び起訴された。検察は、「影の将軍」が東京都と山梨県の自宅や事務所に、100キログラムの金塊、30億円以上の無記名の社債、数千万円の現金など、桁外れの巨額の富を蓄えていたことを明らかにした。検察は、金丸氏の所持していた「宝の山」とでもいうべきファイルも押収し、彼の富の多くが、公共事業を請け負う建設会社との間の談合、賄賂、キックバックによるものであることも明らかにした。また、金丸氏の資金源であった人物の中には、国内最大手の建設会社7社の最高経営責任者も含まれていた。今度ばかりは金丸氏自身も取調べを受け、起訴されたが、病気のために公判は停止され、有罪判決を下されることはなかった。金丸氏は起訴されたまま1996年に81歳で亡くなった。しかし金丸氏の二度目の起訴を受けた1993年7月の国政選挙で、自民党は1955年以来初めて政権を失ったのである。

金丸氏が率いていた「集票組織」は、戦後間もない頃に田中角栄氏らにより形成された頃から「根底から腐敗していた」と批判する声もあった[11]。佐川急便事件では、検察が中心となって自民党の裏社会とのつながりを暴き、自民党に大打撃を与えた。それを後押ししたのは、マスコミによる報道や刑事手続を通して示された市民の怒り——ここには検察審査会に出された審査中立が含まれる——であった。もちろん、自民党が政権から転落した（1994年には自民党は与党に復帰したが）原因が、刑事訴追にだけ求められるのではないし、それは主な原因でもないであろう。1990年代前半に日本経済の成長が鈍化したことや、同時期に冷戦が終結したことなど、構造的・制度的な原因もあった。しかし、この項で紹介した事件は、戦後の日本の歴史の中で最も重要な政治的変化の一つをもたらした。この変化により、その後何年にも渡って政界再編が続くことになるのである。この事件では、検察官が重要な役割を果たしたが、その理由の一つは、政治エリートが長年享受してきた免罪符と、エリートに甘い刑事司法制度が長年生きながらえたことに対する世間の批判によって動機づけられるかたちで、検察官が行動を起こすようになったからである。

## 結論

本章では、検察審査会制度が与えた影響について、単純な説明を受けつけないいくつかの証拠を示しながら論じてきた。様々な証拠に基づけば、検察審査会は主に現状を正当化するために機能する「何もしない」機関に過ぎないという主張にしても、検察審査会は日本の法と社会の変革を「大いに行う」機関であるという主張にしても、どちらの見解も誇張されている、と言えよう。

検察審査会による審査の効果は複雑である。一方では、検察審査会が日本の刑事司法の現状を正当化していることを示すいくつかの兆候があるのも事実である。とくに、検察審査会は検察の不起訴処分を審査した後、その90％以上を承認しているのである。そしてこの割合は年々、増加している。また、検察審査会が検察に対し「従順」になってきていることを示す他の兆候もある。例えば、検察審査会がその職権により審査を開始することも少なくなっている。そして検察の方針や事務を改善するために検事正に対し「建議・勧告」を行うことも少なくなっているのだ。しかしその一方で、検察審査会が検察官の不起訴処分に対して異議を唱える「頻度」は以前よりも減少しているものの、その異議申立による「効果」は上がってきている、と言える。「検審バック」された事件の約４分の１において、検察官は処分を起訴に変更しているのである。さらに、改正検察審査会法が２００９年に施行されて以来、検察審査会により促され起訴した事件（「検審バック」後の起訴と強制起訴の両方を含む）の裁判の無罪率は４〜５倍に上昇している。これは、「検審バック」が、強制起訴の可能性の影を意識した検察官に対し、その積極的な起訴を促している可能性を示している。

検察審査会が検察官による不起訴処分を「承認」することや、逆にそれを「突き返す」ことの影響は重要である。しかし、最も重要な検察審査会制度による影響は目に見えないものである。検察官は事件を起訴するかどうかを検討するとき、もし起訴しなければ、事件が検察審査会により突き返され、さらに検討しなければならなくなる可能性があることを認識しているからである。このように、検察官は検察審査会の影を意識しながら仕事をしており、事件を起訴しなかったらどうなるのだろうということを考えなければならないのである。確かに、検察審査会から「検審バック」されるのは、不起訴にした事件の１％にも満たないが、それが発生した場合には再検討のプロセス（それには時間がかかり、複雑な手続が求められる）を経ることになる。通常は、その案件を最初に担当した検事とは別の検事が関与し、組織内の管理職検事との間で広範な協議が必ず行われなければならなくなる。もちろん、検察審査会に対する検察官の考え方は様々であろう。検察官の中には「検審バック」を心配して、事件を不起訴にする判断を出すより前に、告訴人に告訴を取り下げるよう促す者までいるかもしれない。同じように、検察官による不起訴処分を承認する前に、告訴を取り下げさせるよう要求する決済官の幹部職検察官もいるかもしれない。しかし、かつてはもっと大きかったであろう検察審査会に対する検察官の抵抗は、ここ数十年で減少している。今日では、ほとんどの検察官は、市民による審査の影で誠実に業務を行っている。これは、検察審査会制度に携わったことのある検察官たちが語っているとおりでもあるし、ここ数十年で検察審査会による「検審バック」に対応して検察官がその処分を変更することが統計的に増加していることからも明らかである。

続く二つの章では、この章で述べてきた主旨である、「検察審査会は複雑である」という点について、「強制起訴」による影響は一般にとらえられているよりももっと複雑に様々な点が混じり合っていることを示すことによって論じよう。

# 第4章　強制起訴

２００９年に施行された強制起訴制度は、犯罪被害者の権利運動、司法制度改革運動、検察に対する国民の信頼を損なう福岡でのスキャンダルなど、いくつかの社会的・政治的な力が集結して引き起こされたものである(第2章参照)。ただ、この改革は、「検察は起訴すべき事件を起訴していない」「検察審査会の拘束力のない起訴勧告は検察の意思決定に影響を与えない」という二つの認識が広まったことに対応した改革でもあった。特に１９８５年の日航ジャンボ機墜落事件、２００４年の日本歯科医師連盟事件、その他いくつかの政治資金規正法違反事件など、世間の注目を集めた事件で検察審査会の起訴相当の議決が出されたが、結果として検察の不起訴処分を変えられなかったことが一般市民の検察審査会に対する関心を高めたといえる。①

この章では、強制起訴制度が実際にどのように機能しているかを検証するため、改正検察審査会法が施行された２００９年以降に、一般市民が検察官の不起訴処分を覆し強制起訴をするに至った最初の10件に焦点を当てる。最も重要な点は、強制起訴議決が、最初の12年間で10回しか出されなかったことである。検察審査会に強制起訴の権限を与えることは、起訴の「洪水」につながると恐れて批判していた人々の懸念に反して、実際には検察審査会の強制起訴の議決は、年に1回未満のペースでしか出されなかった。２０１０年から２０１９年までの10年間で、全国の検察審査会は合計56件の起訴相当の決定を下したが、これらのうち9件だけが最終的に強制起訴となった。この間、検察審査会が検察に差し戻した事件(即ち不起訴不当及び起訴相当の議決が出された事件)は１１４８件で、そのうち１７９件(16・４％)で検察が不起訴の判断を変更した。したがって割合でみると、検察審査会が「起訴相当」と判断した6件ごとに、検察官は自発的にそのうちの1件で不起訴の判断を変更し、もう1件は検察審査会が二度目の審査で「起訴議決」に至り、強制起訴に踏み切ったことになる。残りの4件は、検察審査会が2回目の「起訴相当」の結論に至らず、結果として当初の検察官の不起訴処分を維持することになった。

強制起訴された事件は、どのような結果を迎えているのであろうか。表4-1によると、最初の10件のうち8件が免訴、公訴棄却または無罪となっている。残りの2件は有罪となり、6件目の徳島の町長による暴行事件は科料９０００円、8件目の柔道教室重傷事件は禁錮1年執行猶予3年という、比較的軽い処分となった。２００９年から２０２１年までの強制起訴総数を見ても、強制起訴された被告人全14人のうち２人だけが有罪となり、有罪率は14％であった。

**表 4-1　強制起訴事件（2009 年〜2021 年）**

| 事　件 | 被告人数 | 被害者数 | 事件の年 | 起訴の年 | 判決の年 | 判　決 |
|---|---|---|---|---|---|---|
| 1. 明石花火大会歩道橋事件 | 1(2)[1] | 11 死者，247 負傷者 | 2001 | 2010 | 2013 | 時効完成により免訴判決 |
| 2. JR 福知山線脱線事件 | 3 | 107 死者，562 負傷者 | 2005 | 2010 | 2013 | 無罪 |
| 3. 沖縄未公開株詐欺被告事件 | 1 | 3 | 2002 | 2010 | 2012 | 無罪 |
| 4. 陸山会事件 | 1 | na | 2004 | 2011 | 2012 | 無罪 |
| 5. 尖閣諸島中国漁船衝突事件 | 1 | na | 2010 | 2011 | 2012 | 被告人が中国に帰国したため公訴棄却 |
| 6. 徳島県石井町長暴行事件 | 1 | 1 | 2009 | 2011 | 2013 | 有罪判決・9 千円の科料 |
| 7. ゴルフインストラクター準強姦被告事件 | 1 | 1 | 2006 | 2012 | 2014 | 無罪 |
| 8. 柔道教室学生重傷事件 | 1 | 1 | 2008 | 2013 | 2014 | 有罪・禁錮 1 年執行猶予 3 年 |
| 9. 東名高速道路あおり運転をめぐる名誉毀損事件 | 1 | 1 | 2017 | 2020 | 2021 | 被告人の死亡により公訴棄却 |
| 10. 東電福島第一原発事件 | 3 | 44 死者，13 負傷者 | 2011 | 2016 | 2019 | 無罪 |
| 合　計 | 14 | 991 | | | | |

注 1：2004 年〜2005 年，検察審査会は明石警察署の署長と副署長の両方について起訴相当と判断した．2009 年 7 月，検察審査会は副署長について起訴相当と判断したが，署長は 2007 年 7 月に死亡した．2010 年 10 月検察審査会は副署長に対し 4 回目となる「起訴すべき」という判断を下した．

この14人のうちから、起訴されたものの、免訴や公訴棄却となった（つまり裁判所が実体判断に至らなかった）3人を除いても、有罪率はわずか18％である。この割合は、日本の検察官が起訴をした刑事事件の有罪率（99％）よりもはるかに低い数値である。

強制起訴された事件の有罪率が低いのは、嫌疑が不十分であるにもかかわらず、検察審査会が積極的に起訴を推し進めたからだと分析する人もいる。しかし、強制起訴制度がスタートしてから検察審査会が審査した事件数は優に2万件を超えるが、実際に強制起訴されたのは、被疑者の数で言えばわずか14人であり、検察審査会が積極的に起訴をしたとは到底言えない。

ところで、このような議論はさておき、実務的にも法律的にも、最終的に判決が無罪に終わったからといって、最初から起訴すべきではなかったという結論には至らないことに注意が必要である。以下では、強制起訴された最初の10件について詳しく見ていく。それぞれの事件についての説明はとくに断りのない限り、判決文や新聞記事等の報道によった。

## 1　明石花火大会歩道橋事件：警察官1人が強制起訴となる。公訴時効完成により免訴判決。

この事件は、改正検察審査会法施行後、検察審査会が初めて強制起訴とした事件である。2001年7月21日、兵庫県明石市で大規模な花火大会が開催された。花火が終わった午後8時

30分頃、駅に向かうために歩道橋を渡っていた人々の間で「群衆なだれ」が発生し、子ども9人を含む11人が死亡、200人以上が負傷した。

警察は警備関係者12人を書類送検し、そのうち明石市職員3人、群衆管理を担当していた警察官、民間警備会社社員の5人が業務上過失致死傷罪で起訴された。2004年12月、神戸地方裁判所は、明石市職員3人に懲役2年6月(執行猶予5年)、警察官と民間警備員に懲役2年6月の実刑判決を言い渡した。この判決は控訴審でも維持され、最高裁も上告を棄却、有罪判決が確定した。

明石警察署長と副署長は、書類送検されていたにもかかわらず、検察が不起訴としたため、2004年4月、被害者遺族は神戸検察審査会に審査を申し立てた。神戸第二検察審査会は「起訴相当」と議決したが、神戸地検は再考の結果、再び不起訴(起訴猶予)とした。その後、遺族は再度検察審査会に審査申立をし、検察審査会は再び「起訴相当」を議決したが、2006年6月、検察はここでも不起訴を決定した。これら一連の決定は、検察審査会法改正により、2回の「起訴すべき」とする議決で強制起訴が可能になる前のことである。

しかし、被害者らの家族は諦めなかった。改正検察審査会法の施行当日である2009年5月21日に、遺族は三度目の審査申立を行った。しかし、この時点で元警察署長は既に死亡していたため、審査申立は元副署長についてのみであった。２００９年7月30日、検察審査会は三度目となる「起訴相当」を議決、神戸地検がここでも不起訴処分としたため、検察審査会は改正検察審査会法に基づいて再度の審査を行い、「起訴議決」を出した。２０１０年1月27日、元副署長は強制起訴された。

２０１０年2月22日、神戸地裁で公判が開始された。それから3年後の２０１３年2月20日、裁判所は、副署長と明石署の警備担当者(既に有罪が確定していた)との共同正犯は成立せず、従って公訴時効の進行は停止していなかったことから、副署長については公訴時効(5年)が既に完成しているとして、裁判を打ち切る免訴判決を言い渡した。これを不服として、検察官の役割を務める指定弁護士は大阪高等裁判所に控訴したが、２０１４年に控訴は棄却された。指定弁護士が最高裁判所に上告するも、２０１６年7月に上告は棄却され、元副署長に対する免訴判決が確定した。②

明石歩道橋事件は、多くの人が死傷した重大な事件であり、世間の関心も高かった。一連の司法手続が終了するまで15年の歳月を要し、これは事故なのか犯罪なのかという核心的な問題は、今でも議論が続いている。結局、5人が起訴されて有罪判決を受け、改正検察審査会法の強制起訴制度に基づいて1人が起訴されたが、事件から時間があまりにも経過していたため、強制起訴制度の効果は示されることがなかった。仮に、2001年の事件発生当時に強制起訴制度が施行されていたとしたら、少なくとも二つ(署長と副署長)の有罪判決が出された可能性がある。しかし、神戸検察審査会は、自分たちの議決に(制度改正前の時期においては)法的拘束力がないことを知りながら、それでも4回連続で「起訴すべき」という結論を出し続けた。警察の刑事責任を問うことは少ない司法制度の中で、一般市民たちは、粘り強く声を上げ続けたのである。

## 2 JR福知山線脱線事件：元JR西日本幹部3人が強制起訴。全員無罪。

この事件も兵庫県で発生した。2005年4月25日午前9時18分、JR福知山線の快速電車が尼崎市内のカーブで線路を飛び出し脱線、線路際の分譲マンションに衝突し、運転士を含む乗客107人が死亡、562人が負傷した。事故原因の一つは、運転士のスピードの出し過ぎだった。当時、JR西日本では、事故やミスを起こした運転士は、「日勤教育」と呼ばれる、見せしめとしての懲罰的再教育を受けることが義務付けられていた。事故を起こした運転士は、当日伊丹駅で停車位置を約70メートルも超過するミスを起こし、それを原因とする運行遅延が発生していた。会社からの処分(日勤教育)を気にするあまりスピードを出しすぎたことも一因ではないかと分析されている。この事件のもう一つの問題は、必要とされる事故防止設備を、会社が設置しなかったとされることだ。1996年12月に函館線で、同様な列車の脱線事故が起きたが、JR西日本はこの事故から得られたはずの教訓を適切に活用しなかった。

2009年7月8日に神戸地方検察庁は、事件当時、保安責任者であったJR西日本のK社長を業務上過失致死傷罪で起訴した。当時Kは、上記函館線の脱線事故の経緯を認識しており、福知山線の事故が起きる前に、事故発生区間に安全設備を導入すれば、脱線事故は防止できる旨の発言をしていたため、事故の危険性を予見していたとして過失責任を問われたのである。しかし、Kの上司であった当時の社長を含むJR幹部については、Kが事故発生の可能性を報告していなかったため、事故の予見可能性がなかったとして不起訴となった。

改正検察審査会法が施行されてからわずか5カ月後の2009年10月、神戸検察審査会は、当時の社長を含む3人の元JR幹部に対して起訴相当の議決を行った。検察が再度の不起訴決定をすると、検察審査会は再び3人を起訴すべきとして起訴議決を出し、2010年4月、3人の元幹部は「業務上過失致死傷」の罪で強制起訴された。

2012年7月、3人の裁判が神戸地裁で始まった。15カ月後の2013年9月、裁判所は「脱線事故は予測できなかった」と判断し、3人に無罪判決を下した。検察官を務めた指定弁護士は大阪高裁に控訴したが、２０１５年３月に控訴が棄却され、２０１７年６月に最高裁で上告が棄却された。

この事件の無罪判決を受けて、多くの被害者や一部の有識者は、企業やその経営者に対する刑事責任を追及しやすくするための法制度の改革を求めるようになった。企業責任の追及が難しいのは日本だけではない。しかし企業経営者は一般人に比べるとより高度な責任と注意義務を有しているのに対し、日本の現行法は、これら企業経営者の刑事責任や注意義務違反を追及するための法整備が不十分である③。このような状況の中で、ＪＲ福知山線脱線事故を審査した検察審査会は、できる限り訴追を求めようとしたが、３人の職業裁判官は、有罪とするには十分な証拠がないと判断した。企業責任に関するこのような裁判所の判断は、この事件に限ったことではない。実際に、この事件においても、検察が過失責任ありと判断して起訴した前述のK元社長に対しても、「事故の危険性を認識していたとは認められない」として無罪判決が出されている。Kに対する起訴は、検察審査会の判断を経てのものではなかったが、検察官が検察審査会の存在（影）を意識して、起訴をした可能性もある。

## 3　沖縄未公開株詐欺被告事件：投資会社社長が強制起訴。無罪判決。

この事件は沖縄以外ではあまり知られていないケースである。投資会社社長の被告人は、沖縄県内の2人に対して、上場する見込みのない未公開株の購入を持ちかけ、2010年3月、3600万円を騙し取った詐欺の疑いで逮捕された。那覇地方検察庁が不起訴処分としたため、被害者は那覇検察審査会に審査申立をし、同検察審査会は2010年6月に起訴相当の議決を出した。しかし、那覇地検は再び不起訴処分としたため、那覇検察審査会は再度の審査を行い、ここでも起訴すべきとして起訴議決の判断を下したため、この社長は詐欺罪で強制起訴となった。

公判では、指定弁護士が論告において「市民感覚を軽視することがあってはならない」として懲役7年を求刑した。これに対し弁護側は、株式が上場される可能性があったため詐欺ではないと主張、「法律家でも、詐欺に当たるか議論が生じるものを、本当に市民目線で判断できるのか」と、検察審査会の結論を疑問視した。[4] 那覇地裁は、指定弁護士が、被告人の欺罔意思を立証していないと判断し、無罪を言い渡した。2013年6月に福岡高裁が指定弁護士らの控訴を棄却、2014年3月には最高裁が上告を棄却したことで、無罪判決が確定した。

この事件は、いわゆるホワイトカラー犯罪である。ホワイトカラー犯罪とは、アメリカの犯罪学者であるE・H・サザランドが命名したもので、企業幹部や政治家、官僚などの権力・財力を持つ者が、その地位や権限を利用する犯罪のことである。詐欺や横領、背任、贈収賄などの経済事犯が中心となる。少数の者が隠密裏に行うため、発覚しにくく証拠収集が困難であることが多い。ホワイトカラー犯罪は、起訴するための証拠固めが難しく、たとえ起訴できたとしても有罪判決を得ることは容易ではない。そのため、検察において不起訴処分が増えたり、裁判において無罪判決が出やすくなる傾向がある。さらにサザランドは、検察官や裁判官が、ホワイトカラー犯罪をする者と同位の社会的エリートであるため、その仲間意識によって刑事司法においてもその取扱いが寛大になる傾向があると指摘している。しかしこの考えは、サザランドが生きた１９３０年代のアメリカを基準にしたものであり、現代日本の刑事司法においては直ちには妥当しないことに注意を要する。⑤

## 4　陸山会事件：民主党の小沢一郎氏が政治資金規正法違反で強制起訴。無罪判決。

この事件は、政治家が強制起訴の対象となった初めてのケースである。そして、小沢一郎氏は、戦後の日本の歴史の中で最も強力な「影の将軍」の一人である。小沢氏は、自民党の長老たち、特に田中角栄氏や金丸信氏から信任を受け、その座を受け継いだ。国会議員の父が亡くなり、１９６９年に27歳で国会議員に初当選したあと、田中角栄氏の弟子となって様々な指導を受け、田中氏の出身地である新潟県の最大手建設会社の長女を妻として迎えた。以後、建設業界は小沢氏の最大の後援者となる。

小沢氏は、1989年から1991年まで幹事長を務めるなど、自民党の要職を歴任した。しかし、佐川急便事件と金丸信氏の脱税起訴をきっかけに、1993年に小沢氏は自民党を離党し、その後、新生党、新進党、自由党、民主党、国民の生活が第一党、生活の党、未来の党などの政党を率いてきた。同年、細川護熙首相が連立政権のトップに立ち、1955年以来初めて自民党から国政の主導権を奪ったとき、小沢氏は政権の後ろ盾となった。連立政権はわずか10カ月余りで崩壊したが、この時期は多くの意味で日本の政治にとって画期的な時期であったと言える。

小沢氏は政治資金を最も多く受け取った政治家の1人として、長年にわたって警察の疑惑を集めていたが、逮捕されたり、刑事責任を問われることはなかった。それが変わったのは、小沢氏が与党を脅かす存在になってからである。彼は2007年の参議院選挙で民主党を勝利に導いた参謀であり、2009年8月の衆議院選挙で民主党が勝利するための道筋を作った。その2カ月後の2009年11月、小沢氏が民主党幹事長を務めていたとき、市民団体が彼の3人の秘書に対して告発を行った。その内容は、秘書が小沢氏の政治資金について虚偽の報告をしていたというものである。2010年1月、秘書の1人が逮捕され、最終的に3人の秘書が起訴された。罪状は、政治収支報告書に20億円の虚偽記載をしたというものだった。これは当時、日本の歴史上最大の政治資金規正法違反事件であった。

この秘書問題が世間を騒がしている時に、別の市民団体が小沢氏を政治資金規正法違反で刑事告発した。この市民団体は、自らを「真実を求める会」と名乗り、そのメンバーは民主党に反対する元新聞記者、元教師、元政府職員を含む約10人の男性で構成されていた。一部のメディアは、このグループが小沢氏と民主党に打撃を与えるために検察審査会を武器として使用していると批判した⑥。そう考えると、検察審査会は標的にされた政党のトップに向けられた剣であった。そして結果として小沢氏は起訴以前の権力を取り戻すことはできなかった。

これは政治的事件であったため、東京地検特捜部が直接捜査を担当した。しかし、検察は「嫌疑不十分」を理由に小沢氏を不起訴処分とした。その後、告発した市民団体は検察審査会に審査を申し立てた。2010年4月、東京第五検察審査会は、小沢氏が2004年と2005年に政治資金を不正に使用して土地を購入したと判断し、起訴相当議決を下した。しかし、その翌月、東京地検特捜部は再び小沢氏を不起訴としたため、検察審査会は再び審査を行った。2010年10月、検察審査会は再び起訴すべきだとして「起訴議決」を出し、2011年1月、小沢氏は強制起訴されたのである。

起訴後、小沢氏は検察審査会の強制起訴は、通常の刑事事件の起訴とは違うと主張したにもかかわらず、民主党は小沢氏の党員資格の停止を発表した。2011年10月、東京地方裁判所で刑事裁判が始まり、半年後の2012年4月、東京地裁は、指定弁護士が、小沢氏に収支報告書を改ざんする意図があったことを証明できなかったとして無罪を言い渡した。

東京地裁は、検察官が自ら偽装した捜査報告書を検察審査会に提出していたことを認めた。実は小沢氏の秘書が検察からの取調べを密かに録音していたのである。その録音の存在によって、重要な証拠として供述調書に記載されていた秘書の発言が、実際にはされていなかったことが明らかになった。この捜査報告書を作成した検事は、「数日間にわたって秘書との面談の記憶を思い出しているうちに、自分の記憶が混乱してしまった」旨を主張した⑦。しかし、2011年に1300人の検察官を対象に行った調査では、26%の検察官が上司から被疑者や目撃者の発言と異なる調書の作成を指示されていたことも明らかになっている⑧。この捜査において検察幹部は、供述が虚偽であることを知りながら何もしなかったことになるが、捜査を直接担当した捜査検事は懲戒処分を受け、その後辞職している。結局、東京地裁は、これらの供述調書(他の数名の供述調書も含む)は、不正な手段により作成されたものと認め、その証拠能力を否定し、証拠として採用しなかった。この虚偽の供述調書が検察審査会が小沢氏の起訴を決定する際の重要な証拠となっていたのであるから、供述調書の証拠能力が否定されても、それは小沢氏にとっては何の慰めにもならなかった。

指定弁護士は、小沢氏の無罪判決を不服として東京高等裁判所に控訴した。しかし、2012年11月に高等裁判所は一審の判決を支持し控訴を棄却、指定弁護士が最高裁への上告を断念したため、無罪判決が確定した。小沢氏の無罪判決は、1998年に弾劾されたビル・クリントン米大統領の「宣誓下の嘘」と「司法妨害」による無罪判決とよく比較される。罪状は違うが、米国のクリントン大統領と同様に、小沢氏はそれだけ日本の政治において突出した存在だったと言えよう。2012年12月の衆議院総選挙において、日本の有権者は圧倒的多数の支持で自民党を政権に復帰させることを選択した。スキャンダルに悩まされ、実績を挙げることができなかった民主党は、有権者の支持を失い、政権から引きずり下ろされた。それ以来、保守政権が継続している。

この事件の解釈は大きく分けて二つある。一つは、検察審査会に触発されたかたちで行われた小沢氏に対する起訴は、日本の検察が「巨悪を眠らせている」という長年の傾向に対する是正措置をとったという考えである。腐敗した政治指導者を起訴しないと、権力者の不正行為をさらに放置する風土が生まれてしまうという見方である。一方、検察が検察審査会を操り、誤った情報を与えて、政治利用したという見方もある。この見解では、小沢氏は不当に起訴された被害者であり、検察審査会に参加した市民は、個人的・政治的な権力闘争の隠れ蓑となる「駒」であった。どちらの見方も真実の一端を捉えていると言えるだろう。小沢一郎氏の強制起訴は、日本の政治の流れを変えようとする権力者たる検察官の保守的な政治・政策志向に合致した「政策捜査」でもあった。⑨同時に、この起訴は、重大な汚職行為に関与していると思われる人物に対してなされたのであるが、この起訴の副産物として、体系的に腐敗する刑事司法をも狙いうちにした。

## 5　尖閣諸島中国漁船衝突事件：中国人船長が強制起訴。公訴棄却。

この注目すべき事件は、日本の国内政治と国際関係が絡み合ったケースである。2010年9月7日、海上保安庁の巡視船「みずき」が日本の領海内で中国のトロール漁船を発見したが、この海域には日本では「尖閣諸島」、中国では「釣魚島」と呼ばれる島々があり、日本と中国の間で領有権をめぐるそれぞれの主張が対立している。巡視船は中国船に日本の海域を離れるよう警告したが、中国船は「みずき」に向かって移動し、「みずき」と共に中国船の監視に派遣されていた巡視船「よなくに」に衝突した。その後、中国船と船長、乗組員の身柄が拘束されたが、間もなく船と乗組員は中国に送還され、船長は「公務執行妨害」の疑いで逮捕された。船長は那覇地方検察庁石垣支部に送致されたが、中国政府は「係争中の島々は中国の領土である」として船長の釈放を求めた。これに対し、裁判官は船長の勾留を延長したため、中国政府は様々な主張を行い、日本の多くの電子機器企業が必要とするレアアースの供給を停止するなどの報復措置を執った。

この事件は、日本が船長を刑事告発せずに中国に帰国させたことで、解決したわけではない。当時政権を握っていた民主党所属の柳田稔法務大臣は、船長の釈放には政治的な介入はなかったと主張した。⑩那覇地検は、2隻の日本船との衝突が計画的なものではないとして、船長を起訴しないと発表した。日本政府は、衝突時の映像をメディアに公開せず、一部の政治家にのみ公開していたが、2010年11月4日、衝突事故の映像が匿名の人物によって動画投稿サイトに投稿された。後に、投稿者は海上保安庁の職員であることが判明した。この事件を契機に、日中両国で大規模なデモが行われ、東シナ海の領土問題で対立していた両国政府の緊張感がさらに高まった。

那覇検察審査会は2011年4月に中国人船長について「起訴相当」と議決した。これは東京のジャーナリストなどで構成される市民団体が告発し、審査を求めていたものである。６月、那覇地検は再び中国人船長を不起訴としたが、那覇検察審査会は２回目の審査でも起訴すべきだとして「起訴議決」を出し、強制起訴となった。船長は２０１２年３月に正式に起訴されたが、刑事訴訟法第２７１条２項では、起訴から２カ月以内に起訴状の謄本が被告人に送付されない場合、公訴の提起は、さかのぼってその効力を失うと規定されている。この時、船長はすでに中国に帰国しており、法定の２カ月以内に起訴状を届けることができなかった。こうして那覇地裁は２０１２年５月に公訴を棄却し、日中両国の歴史の中で最も緊張した瞬間の一つが、深刻な事態に発展することはなかった。

## ６　徳島県石井町長暴行事件：石井町長が強制起訴。科料９０００円の有罪判決。

この事件は、強制起訴された事件の中で初めて有罪判決が下されたケースである。被告人は、徳島県にある人口２万５千人の石井町の町長である。被害者の訴えによると、この町長は２００９年７月９日の夜、地元のバーに行き、フィリピン人ホステスの顔を左拳で押した。被害者は当初、殴られたと主張していた。その２日後、被害者が徳島県警に通報し、県警は町長を傷害罪で徳島地検に書類送致した。２０１０年12月、徳島地検は被疑事実を暴行罪に切り替えて起訴猶予の不起訴処分としたため、被害者が徳島検察審査会に審査を申し立てた。2011年4月、同審査会は起訴相当と議決した。しかし徳島地検は「事件は軽微であり、町長の行動は計画的なものではない」として、再び起訴猶予の不起訴処分とした。このような状況の中で、検察審査会は二度目の審査で「起訴議決」を出し、町長は強制起訴となった。

2013年2月8日、徳島地方裁判所は町長に有罪判決を下し、9000円の「科料」を言い渡した。このような財産刑は全国でも年間千数百件程度しかなく、裁判所はこの犯罪をとくに重大なものとは考えていないというメッセージを伝えようとしたのかもしれない。指定弁護士は、20万円という高額な罰金を求刑していたにもかかわらず、金額がその5%にも満たなかったことに疑問を感じていたかもしれない。町長は、この有罪判決を受けて高松高等裁判所に控訴した。控訴審では、暴行事件の目撃者が証言を翻し、一審では嘘をついたと述べた。しかし高裁は一審の有罪判決を支持した。町長は最高裁に上告したが、2015年4月に上告が棄却され、町長の有罪判決が確定した。

この事件は、強制起訴された事件の裁判では初めて有罪判決が出されたものとなり、また、故意の暴力行為に対する審査申立によって強制起訴された最初のケースでもある。1から4と本件は業務上過失致死傷罪などを含むホワイトカラー犯罪であり、そのうち4件は今回の事件よりもはるかに多くの人々に知られている事件であった。この町で最も著名な役人が有罪判決を受けたにもかかわらず、マスコミはこの事件や裁判を広く報道せず、人々の関心を十分には集めなかった。

## 7　ゴルフインストラクター準強姦被告事件：ゴルフインストラクターが強制起訴。無罪。

被告人である鹿児島県のゴルフインストラクターの男性（当時56歳）は、地元をはじめ全国のゴルフ界でもよく知られている有名人で、シニアゴルフツアーでトーナメントを勝ち抜いてきた経歴がある。青少年向けのゴルフアカデミーを経営しており、生徒の女性Ａ（当時18歳）が中学3年の頃から指導していて、彼女の家族とも親しかった。

検察官の主張する事件の概要は以下の通りである。このゴルフインストラクターの男性は、自らが主催する少年ゴルフ教室の生徒であるＡとは厳格な師弟関係にあり、Ａがこの男性に従順であること、また恩師としてもこの男性を尊敬して信頼していることに乗じ、２００６年12月9日、ゴルフの指導のためという口実で車でＡをラブホテルに連れ込んだ。この男性はＡに対し、「お前には度胸がない。だから、こういうところに来たんだ」とか「社会勉強や」などと、ゴルフの指導にかこつけて自分と性交するようＡを説得し、Ａを押し倒し、強引にキスするなどした。信頼していた恩師の行動に強いショックを受け極度に恐怖を感じ、思考停止状態になって体が固まり、抵抗できない状態になったAとその状態を認識したうえで性交をした、というものである。

性行為が終わった後、この男性はAに「誰にも言うな」と命じた。Aにとっては初めての性体験であり、男性は避妊具も使っていなかった。Aは男性がキスをしてきたときも嫌で何度も顔をそむけたが、頭がパニック状態で体が固まってしまったと語った。研究によると、レイプ犯罪の被害者は「硬直性不動」とか「凍り付き症候群」と呼ばれる状態を経験することが多いという。「硬直性不動」とは、動物が危険を察知したときに陥る不随意の麻痺状態、つまり死んだふりをするような状態のことである。また、Aはインストラクターの男性に「やめて」と言っても、自意識過剰だと笑われると思ったと語っている。2012年に週刊誌の記者によるインタビュー[11]を受けて、Aは「当時の私は、(筆者注・インストラクターの男性に)逆らうことなど考えられませんでした」と答えた。

二人はホテルを出た後、練習場に向かったが、Aは「おなかが痛い」という口実で早退した。数日後、Aは親友にホテルでの出来事を話し、その友人がAの両親に伝えたところ、両親はその話を聞いて激怒した。両親は男性を自宅に呼んで問い質すと、男性は泣きながら謝罪したという。男性は「魔が差してしまった。何であんなことをしてしまったのか。Aちゃんが高校を卒業したら地元を離れるかもしれないと聞き、失いたくなかった」と語った。また、今後の行動についての誓約書を作成し、「二度とAの前に姿を現さない」「ゴルフの大会に出場したりプレーしたりしない」「今後は小学生から高校生までジュニアの指導を行わない」と約束した。このような条件のもと、被害者とその両親は、告訴をしないことに合意した。

Aは、この出来事から4年後の2010年、男性が以前の合意に背いて他の未成年の選手の指導を続けていたことを知り、「他の子にも同じことをするかもしれない」と考え、鹿児島県警に被害届を出した。警察は約1年の捜査の後、男性を準強姦罪(刑法178条2項)として書類送検した。2017年の刑法改正で準強姦罪は準強制性交等罪と名称が変わり、強姦の定義を「姦淫」(男性器を女性器に挿入すること)に限っていたものを、「性交等」(口腔や肛門等への性器の挿入も含む)に拡大し、法定刑の引き上げや、被害者からの告訴が無くても起訴できるよう、非親告罪化された。事件当時の準強姦とは、被害者の心神喪失(正常な判断力を喪失している状態)もしくは抗拒不能(心理的または物理的に抵抗することが極めて困難な状態)に乗じて姦淫することである。「準」という表記にはなっているが、法定刑等は強姦罪と変わらない。

鹿児島地検では、警察からの書類送検を受けた50代の男性検事が、すぐにAに連絡すると言ったが、半年間、何の連絡もなかった。ようやく連絡が取れたのは別の検事で、その検事は、男性の行為に対して被害者が心理的に抵抗できない状態だったかどうかが重要な問題であると説明した。また、その検事は、性行為が行われたとき、Aは酒を飲んでいたわけでも、暴力の被害を受けていたわけでもないので、抗拒不能の立証には大きな問題があると述べた。1週間後、Aは検察官から起訴しないことを告げられたが、検察官はAは「抵抗しようと思えばできたのにしなかった」と強調した、という。

2012年5月、Aは鹿児島検察審査会に審理を申し立て、検察審査会は、男性が「Aが信頼感や恐怖心から抵抗できない心理状態を認識しながら犯罪行為を行った」として、起訴相当と判断した。この事件は検察に「検審バック」され、今度は女性検事が担当することになった。女性検事は、「う〜ん」と首を傾げ、Aに対し、「私は(筆者注・嫌だと)言えるタイプなので、逃げられない気持ちがわからない」と語ったという。またこの女性検事は、Aがインストラクターの男性に「当時、私は絶対服従だった」と書いてあった供述調書について、「進路についても、練習でも、自分の意見を言えたんだから」と言ったという。確かに監禁や羽交い絞めにされたわけではない、と考えたAは「そうかもしれません」と答えたところ、「絶対服従」のくだりは調書から消えてしまった、という。2012年8月、検察は再びゴルフインストラクターの男性を不起訴処分とした。その理由は、「被害者が同意していないことは明らかだが、心理的に抵抗できない状態だったとまでは言えない」というものだった。その後、検察審査会は二度目の審査で「起訴議決」を下し、ゴルフインストラクターの男性を準強姦罪で強制起訴した。

2014年3月、鹿児島地方裁判所で行われた裁判は、無罪判決に終わった。裁判所は、性交はAの真意に基づかないものであったとしながら、男性とAの間に明確な「支配・被支配」の関係はなかったと判断し、男性からの性的な誘いを「被害者が拒否することが極めて困難な立場にあったとはいえない」と説明した。また裁判所は、被害者の供述が捜査段階と公判段階で一部異なることから、「時の経過とともに変容している可能性がある」とも判断した。

指定弁護士は、福岡高裁宮崎支部に控訴した。高裁は一転して、両者の支配・被支配関係を考えると、「被害者が抵抗することは極めて困難であった」と抗拒不能の状態にあったことを認めながらも、準強姦罪の成立に必要な故意（被告人は、被害者が抗拒不能状態にあったことを認識していたか）を欠くとして無罪判決を下したのである。一方、高裁は、被告人の行為を「卑劣極まりない」とまで断じたのである。2016年1月に最高裁への上告が棄却されたことで無罪判決が確定したが、Aは民事裁判でこの男性を訴えた。鹿児島地裁は、被害者の心的外傷後ストレス障害（PTSD）は被告の違法行為（合意無しの性交）が原因であると認定し、男性に330万円の損害賠償金を支払うよう命じた。検察審査会の起訴相当で始まった犯罪捜査で明らかにされた事実がなければ、被害者は民事訴訟で勝訴するための十分な証拠を得ることができなかったであろう。

検察審査会は、性犯罪被害者の窮状に無関心であることが多いと非難される。日本の警察、検察、裁判官、そして社会やメディアも同様である。今回の鹿児島の事件とその顚末もまた、性犯罪被害者への救済の必要性を物語っている（詳細な議論は第5章を参照）。Aはプロゴルファーの夢をあきらめ、ゴルフ界を去って行った。同意に基づかない性交が起きてから数年間、Aはかつて信頼していたコーチへの恐怖と怒り、事件の事実を無視し「二度目の被害」を与えた刑事司法制度への不満に悩まされ続けた。Aやその家族に対し告白と謝罪はしたものの、検察によっては起訴されなかったインストラクターは、検察審査会が二度目の審査を行う直前に、先に挙げた週刊誌記者の直撃取材に以下のように語っている。少し長くなるが、抜粋したい。

**記者**　あなたに強姦されたという女性の話を聞きました。

「誘ったのも私やし、行為があったことは事実です。当時はとにかく彼女が可愛くて。でも、私が無理やりやるような人間に見えますか？　検事さんも同意があったと思ったから不起訴にしたんでしょ」

**記者**　６年前には、事実を認め、彼女と彼女の両親にも泣いて謝罪していますね。

「相手は激怒していて、その場はそうでもしないと収まらんでしょう。普通のこととは思ってないが、罪とも思っていません」

**記者**　謝罪の際、「今後はジュニアを指導しない」と約束したのに、いま指導しているのはなぜですか。

「その時はそう言ったけど、その約束は法律じゃない。長年生きてれば、人から頼まれて断れないこともある。第一ね、彼女は私にホテルで説教されたと言ってるらしいが、そんなことありえない。説教したら、そんな雰囲気にならないでしょう。キスもしてないよ。女性は「キスは好きな人としかしない」と言うでしょ」

**記者**　彼女の訴えをどう受けとめているのか。

「訴えるのは自由だからね。裁判になれば、みんなに知られてしまって彼女のほうが困ると思うけど。私のほうは構わない。司法の場で決着つけるのもいいと思ってます」

正義とは、価値観では計り知れないものである。今回のゴルフインストラクターの男性がインタビューで質問に答えた発言に照らして考えてみると、検察審査会は強制起訴を決議することで、被害者が求めていた正義を少しだけ実現したのと同時に、この男性が求めていた正義も皮肉にも実現されたというのが、この事件の一つの結論であろう。

## 8 柔道教室学生重傷事件：柔道指導者が強制起訴、有罪判決(禁錮1年、執行猶予3年)

強制起訴された事件で有罪判決が下された2件目の事件であり、執行猶予付きとはいえ、拘禁刑判決が下されたのはこの事件だけである。２００８年5月、長野県の松本市で、柔道教室の指導者が小学6年生の男子児童に「片襟体落とし」という投げ技を使用した。この時、頭を強く揺さぶられたことが原因となり、児童は急性硬膜下血腫を引き起こして意識不明の重体となった。意識回復後も後遺症が残る傷害を負った。指導者は身長１８０cm、体重80kgであったのに対し、児童は身長１４６cm、体重43kgという大きな体格差があった。

１９８３年から２０１６年までの34年間に、日本の学校内における柔道競技において１２１人が死亡しているという驚くべき結果がある。[12] 後遺障害が残る負傷事例も１９８３年〜２００9年度の27年間で２７５件を数える。しかもこのデータには、学校以外の活動(例えば柔道教室）で発生した数は含まれていない。柔道でこれほど多くの犠牲者を出している国は世界にも類を見ない。柔道は世界各国で人気のあるスポーツであるが、アメリカ、フランス、オーストラリア、イギリス等の競技人口が多い国においても「過去20年間に柔道で死亡した子供は一人もいない」と報告されている⑬。

柔道事故の原因の一つは、指導者が柔道には長けているが、教える相手の身体的・心理的ニーズに対応できない傾向があることだ。また、日本の柔道文化には顧問や上級生に対する絶対服従という封建主義的な風潮が残っており、これらの問題を解決しない限り、日本には「柔道の未来はない」と考えている人もいる。近年、この問題に対する社会の認識は高まっているが、事件の2年前の2006年、日本政府は教育基本法を改正し、それに伴う2008年の教育指導要領の改訂で中学校における武道の授業を必修化し、2012年から実施されている。検察審査会が強制起訴に踏み切ったのは、こうした背景もあったと言えよう。

長野県警は、この指導者を業務上過失傷害として書類送検した。長野地方検察庁は「嫌疑不十分」として不起訴処分としたが、児童の両親が長野検察審査会に審査申立をして、2012年7月に「起訴相当」議決が出された。同年12月、検察は再び「嫌疑不十分」として二度目の不起訴処分とした。指導者に、過失認定の基礎となる「結果予見可能性」がなかったとの判断である。

2013年、長野検察審査会は、二度目の審査においても起訴すべきと判断し、特別多数決で「起訴議決」を出し、強制起訴の手続が開始された。検察審査会は、柔道指導者は一般の人よりも、自分の投げ技の危険性を予見できたはずだと判断した。また、児童が柔道の受身がまだ十分に習得できていなかったことや、児童と指導者の体格差が大きかったことから、指導者はもっと注意を払うべきであり、事故は防げたはずだと結論づけた。児童の母親は「検審に申し立てなかった他の柔道事故は多い。今までうやむやになってきたことが、私たちがこだわる理由。より安全な柔道指導になることを望む」と述べた。父親も「あくまで一つの舞台に上がっただけで、最終的な結論は出てない。それ(判決)を基に柔道界が変わったら良いと思う」と強調した。⑭

2013年8月、刑事裁判が長野地裁で始まった。主な争点は、児童に脳障害を与えた事故は「予見できなかった」という被告人の主張である。2014年4月、被告人は禁錮1年、執行猶予3年の有罪判決を受けた。判決で裁判長は、被告人に「頭を打たなくても重大な事故が起こりうることを柔道指導者の仲間に伝えてほしい」と訴え、被害者の母親は「柔道の危険性を広める活動を続けていかなければならない」と強調した。弁護側も検察官役の指定弁護士も控訴しなかったため、この判決が確定した。

柔道を原因とする死亡・傷害事件は、この長野の事件が最初だったわけではない。2003年、福島県で13歳の女性が部活動中に受けた頭部外傷が原因で15年間の昏睡状態を経て死亡している。この事件も検察官の不起訴処分を受けて検察審査会が審査したが、「不起訴相当」という結論となった。2004年には、神奈川県で中学3年の男子生徒が柔道部の顧問に何度も投げられて意識不明の重体となり、高次脳機能障害が残った。事故から1年以上経過して警察の捜査が始まったが、検察は嫌疑不十分で不起訴処分とし、検察審査会は「不起訴不当」の結論を出したが、検察官は再度不起訴処分とした。検察審査会の審査が「起訴相当」ではないため、二度目の検察官の不起訴処分で刑事手続は終了している。

長野の事件は、検察審査会の強制起訴による有罪判決が確定した最初のケースであり、同時に、柔道事故において刑事責任が認められた画期的な判決となった。そしてこの刑事訴追は、これまで軽視されていた社会問題についてメディアが報道するきっかけを作った。その報道が世論を動かし、政府に建設的な変化を促すよう動機付けることが出来た。このように、長野の悲劇は日本の柔道界にいくつかの肯定的な影響を与えた。特に、日本の学校では事故防止が柔道指導の優先事項となり、長野県で起きたこのような事故を防止するために、柔道の指導者たちが訓練を受けることが奨励されるようになった。もちろん、検察審査会が長野県で起訴したことは事故防止のための「特効薬」ではない。日本の保守的な柔道文化には、まだ多くの問題が残っているのも事実である。しかし、この悲しく嘆かわしい事件の裏には、将来につながる変革の余地もある。権利とは、神や摂理、論理や法律から生じるものではなく、不正義に対する特定の経験から生じるものである。[15] これは認めるのは難しい真実であるが「プログレッシブ・チェンジ(進歩的な変革)」に関する重要な洞察でもある。

## 9　東名高速道路あおり運転をめぐる名誉毀損事件：被告人が死亡。公訴棄却。

この名誉毀損事件は、2017年に東名高速道路で起きた、いわゆる「あおり運転(ロードレイジ)事件」に端を発するものである(この事件は時系列で言えば、東電原発事件より後である。東電原発事件については次の「10」で詳述する)。その事件では、福岡県中間市の建設作業員A(当時25歳)が、高速道路の下り車線で、夫婦が運転するステーションワゴンの前に自分の車を寄せ、強制的に停止させた。その後、ワゴン車は大型トラックに追突され、夫婦は死亡、娘2人は重傷を負った。Aがパーキングエリアの駐車場で、所定場所以外に駐車していたのを、ワゴン車の運転手から注意されて逆上し、犯行に及んだ事件であった。

この事件の後、全国９県にまたがる11人が福岡県北九州市の建設会社の経営者について、Ａとは全く関係がないにもかかわらずたまたま同姓であることを理由として、Ａの父親であるというデマをインターネット上で流し始めた。建設会社には脅迫メールや電話が何百件も届くようになり、経営者は福岡県警にこの11人を名誉毀損で告訴し、福岡県警は11人を書類送検したが、この全員が不起訴処分となった。その後この経営者が、小倉検察審査会への審査を申し立てたことによって、11人のうち９人について「起訴相当」との判断が下った。11人のうち１人は死亡、１人は謝罪したことで不起訴となっていた。起訴相当議決を受けて福岡地方検察庁は９名中６名を略式起訴し、裁判では６名全員に罰金30万円の判決が下された。「起訴相当」とされた残りの３名は、建設会社経営者との示談や和解が成立しているとして、再度、起訴猶予の不起訴処分となった。２０２０年７月、小倉検察審査会は「示談は民事的解決」だとして、３名のうちの１人について、二度目の審査において、起訴すべきとする「起訴議決」を下し、強制起訴となった。しかし、強制起訴されたこの被告人は裁判開始前に遺体で発見され（自殺したとみられている）、被告人死亡により公訴は棄却された。

米国や他の多くの国と同様に、日本にもあおり運転事件の長い歴史がある。２０２０年の調査では、日本人ドライバーの半数近くが巻き込まれており、そのうちの98％が警察に報告していないことが分かった⑯。2019年だけで、日本の警察が扱ったあおり運転に関する事件は1万5000件以上で、1日あたり40件以上にのぼる。2020年には改正道路交通法が施行され、「運転妨害罪」が新設された。死傷事故につながる危険運転の処罰対象が拡大され、強引な尾行、急ブレーキ、車線間の旋回、他人の前で車両を停止させて経路を塞ぐなどの著しい交通の危険を生じさせる妨害運転行為が含まれるようになった。

この事件は名誉毀損で強制起訴された人が自殺した可能性があることを考えると、強制起訴によりその名誉が傷ついたことの影響を否定できない。そして何よりも、日本において起訴されることがいかに重大なことであるかを示している。米国では、アメリカ人の30〜40%は、23歳になるまでに少なくとも一度は逮捕された経験を持つ。これだけ頻繁に刑事手続や刑事制裁が行われると、起訴されることは成人になる過程で、ごく普通の通過儀礼のようにすら考えられている。一方、日本では、逮捕・起訴されることが少なく、起訴されることは、本人はもちろんのこと、身近な人にも壊滅的なダメージを与える可能性を生む。その意味で、今回の名誉毀損事件の被疑者が自殺したとみられることは、刑事罰の威力の重大さと、検察や検察審査会が甚大な権力を行使できることを、私たちに示唆するものである。

## 10　東電福島第一原発事件：東電元幹部3人が強制起訴。一審で無罪（2021年11月2日に控訴審初公判が開かれ、本書執筆時においては控訴審継続中）。

2019年9月、東京電力の元幹部3人が、東京地裁の3人の裁判官によって無罪判決を受けた。被告人らは同社の原子力部門の元責任者であり、2011年3月11日、東日本大震災の地震と津波によって引き起こされた福島第一原子力発電所のメルトダウンを防げなかったとして、業務上過失致死傷罪で強制起訴された。津波は1万8000人以上を死亡させ、さらに約40万人が放射性物質から逃れるため避難を余儀なくされた。3月11日の地震は、1900年頃に近代的な記録が始まって以来、日本で記録された中では最も強く、世界でも4番目に強い地震である。869年、1611年、1793年、1896年、1933年と、何世紀にもわたって巨大な地震と津波が日本の東北沿岸を襲ってきた長い歴史があり、福島の災害は確率の低い出来事によって引き起こされたのではない。

東京電力の3人の元役員に対する裁判では無罪判決が下されたが、一連の刑事手続は、それまで知られていなかった事実、隠匿・否定されていた事実を明らかにし、それによって福島原発のメルトダウンに関する重要な真実を明らかにすることで、大きな成果を上げた。今回の事件では、一審で無罪判決が出されたが、これは他国の刑事司法制度でもよくあることで、国を問わず、ホワイトカラー犯罪では立証に失敗することが多いのである。とはいえ、無罪に終わったからといって検察が批判されるのであれば、困難で重要な事件は起訴されず、社会的に最も危険な犯罪から国民を守ることはできない。

東京電力幹部や政府関係者は、今回の「未曽有」の福島原発事故を、歴史上まれに見る「自然災害」が原因であるとして、この事故を予測することはできなかったと主張した。しかし「福島原発のメルトダウンは完全に防ぐことができた」、あるいは予見は不可能だったという両極端の意見のどちらかを支持するのは、実は単純なことのように思える。Union of Concerned Scientists(憂慮する科学者同盟)は「真実はその中間にある」と結論づけている。

重要な問題の一つは、福島原発のメルトダウンを引き起こした行為の一部が刑事訴追されるべきかどうかということだ。この問題は、複雑なプロセスを経て結論が出ることになった。2012年6月、1324人の福島県民(以下「原告団」とする)が、東京電力の役員と政府関係者33人を業務上過失致死傷罪等で福島地検に刑事告訴した。この告発状には、さらに県外の人々も加わり1万3392人が署名し、二次告訴が行われた。その15カ月後、事件を移送された東京地方検察庁は、告訴された一部の罪状については「嫌疑なし」と判断し、残りの告訴についても「嫌疑不十分」として不起訴処分の決定を下した。その後、２０１３年10月原告団は東京第五検察審査会に中立対象を元幹部6名に絞って審査中立を行った。その結果、２０１４年7月、3名に「起訴相当」、1名に「不起訴不当」、2名に「不起訴相当」の議決が出された。この結果を受けて、東京地検は再捜査をしたが、２０１５年1月、起訴相当の3名、不起訴不当の1名ともに二度目の不起訴処分を行った。２０１５年7月、東京第五検察審査会は、起訴相当の3名に対し、二度目の審査を行い、再び起訴すべきとする「起訴議決」を出し、3人の東電元役員は強制起訴されることになった。

東京電力事件のもう一つの重要問題は、検察の管轄である。東京電力の原子力発電所で発生した電力を1キロワットも使用していない福島県の被害者を対象とした重大事件が、なぜ東京の検察と、首都圏の住民11人で構成された東京の検察審査会で取り扱われたのか。最終的な起訴決定権は最高検察庁の幹部検事にあり、東京に裁判権を移すことで事件をよりコントロールし、検察審査会の審査に福島県民の関与を避けることができると考えたのかもしれない。

検察側は、東京に事件を移送する決定理由をいくつか説明したが、この移送を発表したのは２０１３年9月9日で、東京地検が不起訴処分の決定を下すわずか1時間前だった[17]。確かに、実務的には、東京電力の幹部は東京に住んでおり、検察官の数も福島より東京の方が多く、裁判をするなら東京の方が都合が良く便利である。また、実質的に検察は、管轄を首都に移すことで「事件処理の安定性と統一性」を保つことができると考えたのかもしれない。

これらの正当化は、東京の幹部検察官が東京電力の事件を起訴させたくなかったという合理的で政治的な説明に比べ、説得力に欠ける。検察や警察は、東京電力の関係者が捜査に「協力的」であることを理由に、重大な刑事事件では日常的に行われている「強制捜査」の基本的な手法である捜査令状、逮捕、取調べなどを採用しなかった。事件移送のこの政治的説明を、福島の多くの被害者や被災者、弁護士たちも採用している。ある弁護士は、東京地検への事件移送の発表は、２０１３年9月8日(日本時間)にオリンピック開催地が東京に決定した直後に行われ、タイミング的には「極めて汚い手口だ」と述べている。全国のメディアでも、裁判管轄を移したことや不起訴処分は「猿知恵」(週刊金曜日)などと酷評する声が上がった[18]。福島原発告訴団は、東京への五輪招致が前日に決まった「ドサクサに紛れ」、福島検察審査会への申立を嫌った検察による保身のための決定だと批判した。

その意味で、検察審査会の強制起訴は、検察審査会法の主旨である、「民意」を反映させているように思えた。検察審査会は、3人の元経営陣を、福島の原発周辺から避難した双葉病院の患者44人を死亡させた過失と、福島第一原発の水素爆発により東電関係者や自衛官13人を負傷させた過失の罪で裁くべきだと結論づけたのである。

東京地裁は、指定弁護士に第二東京弁護士会が推薦する5人の弁護士を選任した。彼らは裁判で検察官の役割を果たし、２０１６年2月、元経営陣を「業務上過失致死傷罪」で正式に起訴した。もし有罪となれば、5年以下の懲役または１００万円以下の罰金が科せられることになる。しかし、この裁判で有罪判決を引き出すことは簡単なことではない。それだけは誰が見ても明らかだった。

強制起訴後に行われた公判前整理手続では、この裁判で争われる争点が明確になり、検察側と弁護側がどのような証拠を提出するかが決定された。このプロセスは、強制起訴から1年半、震災から6年が経過した２０１７年3月に始まった。永渕健一裁判長と、検察官たる指定弁護士、三人の元幹部の弁護人が3カ月間に5回集まった。しかし、明石事件やＪＲ西日本事件の強制起訴後に行われた公判前整理手続よりはるかに短い。非常に複雑な事件であるがゆえに相当な準備をしなければならない指定弁護士側にとって、十分な時間であったかは疑問が残る。

この裁判では、10メートルを超える津波が福島沿岸を襲うことの予見可能性が主な争点となった。裁判は、２０１７年6月30日から２０１９年9月19日までの27カ月間に38回行われた。[19]これは、公判が通常よりも短いサイクル(平均して3週間に1回)で開催されたこともあり、多くの人が予想していたよりも短い裁判となった。多くのメディアも裁判に注目し、法廷が収容できる以上の多くの傍聴者が集まった。裁判の初日には、わずか54席の傍聴席に717人が集まり、抽選で傍聴者を決定した。

裁判で指定弁護士は、3月11日以前の知識に基づけば、大地震と津波は具体的に予見可能な事象であり、東京電力の幹部が「注意義務」を果たしていれば、原発のメルトダウンを防ぐことができたと主張した。業務上過失致死傷罪の規定では、社会生活において、他人の生命や身体に危害を加えるおそれのある行為を反復・継続して(業務上)行う者は、一般人よりも特別な「注意義務」を負うとされている。指定弁護士側は、東京電力の幹部が3月11日のかなり前から地震のリスクを知らされ、潜在的な対策を助言されていたことを示す証拠を提出し、幹部らは大災害の可能性に対して意味のある対策を講じなかったと訴え、東京電力の経営陣が、公共の安全よりもコストや利益を優先させたと結論づけた。

これに対し被告人の弁護団は、東京電力は常に安全を最優先しており、福島のような大規模な災害は「具体的に予見できなかった」と主張した。弁護団は、5・7メートルの防潮堤は、福島の海岸で観測された最大潮位に相当する津波に耐えるように設計されていると主張した。東京地裁は、3人の被告人に無罪を言い渡した際、主に三つの点を指摘した。

**第一に、2002年に文部科学省地震調査研究推進本部**(HERP)**が発表した「地震活動の長期評価」では、最大15・7メートルの津波発生の可能性を予測していたことを認めたが、この評価には「具体的な根拠」がないとし、その「信頼性」には疑問があると結論づけた。**しかし、過去の記録に大地震現象がある場合、推測される最大の地震現象は海岸沿いのどこでも起こりうると仮定するのが「ベスト・プラクティス」(最善の選択)である。東電がベスト・プラクティスに従わなかったことは、「考えられない」「理解できない」ことであった。問題は、三陸海岸付近で大地震が起こるかどうかではなく、いつ起こるかであった。

**第二に、東京地裁は、巨大津波に対する安全対策が完了するまで原発を停止する義務は、被告人にはないと判示した。**確かに、原子炉を停止すればメルトダウンは防げただろうし、今になってみれば、この措置は賢明だった。しかし、原子炉を停止することだけが、核の大惨事を回避する唯一の方法ではなかった。他にも対策を講じることができたはずであり、3・11の影響を受けた他の発電所でもいくつかの対策が講じられた。東京地裁は、壊滅的なメルトダウンを回避する唯一の方法は、福島原発を完全に停止することだと主張することで、防止可能性を判断する枠組みを恣意的に変更し、説得力を格段に低下させた。仮に東京電力の幹部に福島原発を停止させる義務がなかったとしても、その他の合理的な安全対策を怠ることで、繰り返し注意義務に違反していた。

**第三に、東京地裁は、東京電力の経営陣には原発の「絶対的な安全性」を確保する法的義務はないとし、「津波についてあらゆる可能性を予測し、必要な措置を講じる義務があるとすれば、原発を運転することは不可能である」と判断した**が、これも説得力に欠けている。東京電力の原子力発電所は、長年にわたって多くの事故や問題を抱えてきた。法律が期待するのは絶対的な安全ではなく、合理的な注意であり、普通の、慎重で合理的な人が同様の状況で行使することになる注意と懸念である。東京地裁は、「絶対的な安全性は要求されない」と結論づけるために、原子力は完全に安全であると世間に信じ込ませることを目的とした東京電力の数十年にわたるPRキャンペーンについては黙殺した。また、裁判所は、裁判所が自動車事故の際に通常適用する注意義務よりも、低い注意義務を原子力発電のケースに適用するという、不器用で不可思議な判断を下したのである。

東京地裁の無罪判決には二つの大きな問題があった。一つは、原発停止がメルトダウンを防ぐ唯一の方法であったことを証明することを検察側に要求し、立証のハードルを不当に高くしたこと。第二に、東京電力幹部の「注意義務」を引き下げることで、これまでの法律解釈と矛盾する形で「業務上過失致死傷罪」を定義し、当初の不起訴処分での検察官の主張と同レベルに置き換えたこと、である。また、東京地裁は、東京電力が原子力発電所の安全性に関する事故を繰り返し隠していた証拠も重視しなかった。２００２年、東京電力は過去25年間に少なくとも２００回の虚偽の技術データを提出していたことを認め、その5年後には、内部調査の結果、さらに多くの報告されていない安全上の問題が見つかったと発表した。これだけの不正行為が繰り返しあったにもかかわらず、なぜ裁判所は東京電力の他の主張を信用したのか不思議である。

不起訴を決めた検察官にとっては、東京地裁の無罪判決は、事件がそもそも「起訴されるべきではない」ことを裏付けるものとなった。しかし、この無罪判決を受けて、裁判所に対する、そして裁判所を含む政府の組織に対する強い批判も巻き起こした。今回の裁判で検察官役を務めた指定弁護士の一人、石田省三郎氏は政治的圧力を示唆した。裁判所の判断は「国の原子力行政を忖度した判決だ」と嘆いた。東京電力の刑事事件は、指定弁護士が控訴したため、今も継続中である。東京高裁での初公判は２０２１年11月2日に行われた。通常の事件の裁判では、無罪判決に対して、その約3割の確率で控訴が行われる。検察が無罪判決に対して控訴すると、半数近くで「無罪」が「有罪」になる。東電事件の控訴審で有罪判決が出る可能性は、それよりも大幅に低いと思われる。

## ホワイトカラー犯罪と強制起訴

東京電力の事件の控訴審がどのような結果になろうとも、これまでの強制起訴のケースから学ぶべきことは二つある。第一に、東京電力の裁判と他の刑事手続の過程で、原告(福島の市民原告団など)が東京電力と日本政府を相手に、継続的に民事訴訟を起こす中で役に立つ事実が、数多く明らかになったことだ。このような民事訴訟での勝訴は困難であるが、原告は多くの訴訟で勝訴しており、現在も多くの訴訟が行われている。また、東京電力の三人の元幹部の起訴により、東京電力の証言や主張の多くが虚偽の証拠であることが暴露され、福島のメルトダウンに関する多くの真実が明らかになった。東京電力の元幹部には、老朽化した福島原発の安全性を高める機会が幾度とあり、安全性を高めることが不可欠であると信じる多くの正当な理由があったことを彼らは知っていた。しかし、安全性は東京電力の最優先事項ではなかった。福島第一原発事故は、日本のどこの原発でも事故が起こりうること、そして原子力発電の安全性の維持は不可能であることを示した。この結論が明らかになったのは、東京電力の不誠実な対応によって偽装されていた事実が、強制起訴による刑事手続によって暴露されたからである。

二つ目の教訓は、多くの社会で問題となっているホワイトカラー犯罪の過少起訴である。米国では、メディアを除いて、検察官の不起訴処分を審査する機関は存在しないため、起訴されなかった事件について真剣に検討されることはほとんどない。しかし、アメリカの検察官はホワイトカラーの犯罪者を起訴することに臆病であることが『The Chickenshit Club』(アメリカのスラングで「チキンシット」とは臆病者)という高い評価を得ている本(ピュリッツァー賞を受賞歴のあるジャーナリストJesse Eisinger著、2017年に出版)の中で説明されている。この本のタイトルは、ジェームズ・コミー米連邦検事が、ニューヨーク南部地区連邦検事事務所のトップを務めていた際に、部下の連邦検事たちに行ったスピーチに由来している。コミーは部下たちに「無罪評決や陪審員の評決不一致を経験したことのない人はいるか?」と尋ねた。多くの手が挙がると、コミーは彼らを「Chickenshit Club」に歓迎する、と皮肉たっぷりに語ったのである。この本の著者はこう説明する。

不祥事を起こした人を起訴することは、慎重に判断して行わなければならない重大な責務である。しかし、検察官は、弁護士とは異なり、単に一方の立場を擁護するだけの存在ではない。検察官は、正義を貫くことが求められている。検察官は出世主義者でなく、正義の味方でなければならない。また、簡単に狙えるターゲットを狙うのではなく、最大の不正を正すべきである。つまり、連邦検察官は、何が何でも勝とうとしたり、負けることを恐れて重要な事件を避けたりしてはならない。連邦検察官は、裁判の記録や、周りの批判、検察の政治的影響などで判断されるべきではない。コミー連邦検事は、彼の部下の検察官が常に大胆で、いかに困難であろうと重大な事件に関わり、情熱を持って正義を実現することを望んでいた。

日本でもホワイトカラー犯罪は深刻な問題であり、日本の検察は「グレートケース(影響力のある事件)」についての刑事手続を進める努力をするべきだ。しかし、それが実現することはほとんどない。その結果、大規模な不正が行われ、抑止力が働かずにホワイトカラー犯罪が蔓延しているのである。有罪を裏付ける十分な証拠があれば起訴するという「起訴法定主義」を採用しているドイツでも、とくにホワイトカラー犯罪の場合には、検察官は起訴を取りやめたり、起訴を保留したりすることが多い。このような起訴の失敗は、刑罰法令がクモの巣のようなもので、小さなハエは捕まえるが、スズメバチは突破させてしまうことを示唆している。ホワイトカラー犯罪の研究者は、組織の目的を追求するために企業や政府のエリートが犯す「組織犯罪」と、個人が職業上行う詐欺や横領などの「職業犯罪」を区別している。[20] 検察審査会の強制起訴10件のうち8件がホワイトカラー犯罪で、そのうち5件が組織犯罪で（表4-1の事例1、2、3、4、10）、9人の被告人が強制起訴された。沖縄未公開株詐欺被告事件では、会社のトップが複数の被害者から数千万円を騙し取ったとされた。明石歩道橋事件では、247名の負傷者と11名の死亡者を出した。(21) JR福知山線の脱線事故では、乗客107名が死亡、562名が負傷した。また、東京電力の福島原発の事故・爆発では、44人の患者が死亡、13人が負傷したが、これらは起訴状に記載された被害者だけである。福島原発から発散された放射性降下物は東北地方の広い地域を汚染し、何十万人もの人々が何年にもわたって故郷を離れることを余儀なくされた。

残りの5件の強制起訴のうち、3件は信頼された立場を利用した職業的なホワイトカラー犯罪である。徳島県石井町長暴行事件は、権力者（町長）と弱者である女性との間の強力な男性支配の社会関係を例示している。ゴルフインストラクターによる準強姦被告事件は、ゴルフの生徒であった高校生との関係性を利用したゴルフインストラクターの職業的地位を逸脱した行為が疑われた事件である。刑事裁判では無罪となったが、民事裁判では被害者に330万円の賠償金を支払うことになった。柔道教室重傷事件では柔道の指導者と生徒という力関係の中での柔道の教室における事故について有罪となり、禁錮1年（執行猶予付き）の判決が下された。そ

**表 4-2**　強制起訴 10 事件について，起訴と判決(一審)までにかかった年数(2009 年〜2021 年)

| 犯罪の種類 | 合　計 | 組織的ホワイトカラー犯罪 | 職業的ホワイトカラー犯罪 | その他の犯罪 | 事件発生から起訴までの年数 | 事件発生から判決までの年数 | 起訴から判決までの年数 |
|---|---|---|---|---|---|---|---|
| 事件数(被告人数) | 10(14)<br>100%(100%) | 5(9)<br>100%(100%) | 3(3)<br>100%(100%) | 2(2)<br>100%(100%) | 5.0[1]<br>(2.4)[2] | 7.1<br>(2.8) | 2.1<br>(0.7) |
| 無罪判決 | 5[3](9)[4]<br>50.0%(64.2%) | 4(8)<br>80.0%(88.9%) | 1(1)<br>33.3%(33.3%) | 0(0)<br>0%(0%) | 6.0<br>(1.2) | 8.4<br>(0.8) | 2.4<br>(0.5) |
| 有罪判決 | 2(2)<br>20%(14.3%) | 0(0)<br>0%(0%) | 2(2)<br>66.7%(66.7%) | 0(0)<br>0%(0%) | 3.5<br>(2.1) | 5.0<br>(1.4) | 1.5<br>(0.7) |
| 公訴棄却・免訴 | 3(3)<br>30%(21.4%) | 1(1)<br>20%(11.1%) | 0(0)<br>0%(0%) | 2(2)<br>100%(100%) | 4.3<br>(4.1) | 6.3<br>(4.9) | 2.0<br>(1.0) |
| 被害者数 | 991[5] | 986 | 3 | 2[6] | — | — | — |
| 死亡者数 | 162 | 162 | 0 | 0 | — | — | — |
| 起訴までの年数 | 5.0(2.4) | 6.6(1.8) | 4.3(2.0) | 2.0(1.4) | — | — | — |
| 判決までの年数 | 7.1(2.8) | 9.2(1.7) | 6.0(2.0) | 3.5(0.7) | — | — | — |
| 起訴後の年数 | 2.1(0.7) | 2.6(0.5) | 1.7(0.5) | 1.5(0.7) | — | — | — |

注 1：平均値．注 2：標準偏差．注 3：事件数．注 4：被告人の数．注 5：陸山会事件では，特定の被害者は報告されていない．注 6：尖閣諸島中国漁船衝突事件，東名高速道路名誉毀損事件では，死傷者は出ていない．

して、この事件では、柔道事故被害者団体のロビー活動により、柔道指導者と柔道教師に安全な指導をするための訓練を受けさせるという大幅な改善をもたらした。歓迎すべきことではあるが、これらの新しい政策や安全訓練は、日本の柔道指導の現場で発生する重傷や死亡の事故を根絶するには至っていない。

表4-2からも分かるように、5件の組織的ホワイトカラー犯罪のうち、被告人に対して免訴判決が言い渡された明石歩道橋事件のケースを除いた4件が無罪となり、これらの事件で起訴された9人の被告人のうち8人が無罪となった。これらの組織的ホワイトカラー犯罪によって多数の被害者(991人)と死亡者(162人)が発生したが、有罪判決は一つもなかった。職業的ホワイトカラー犯罪の被告人については、強制起訴された3人のうち2人が有罪となり、3人とも外国人女性、女子高生、11歳の少年という、弱い立場の被害者に対する暴力行為を行った罪に問われている。つまり、日本の刑事裁判では、組織的ホワイトカラー犯罪者よりも、職業的ホワイトカラー犯罪者の方が、事件に対する犯罪的責任を負う可能性がはるかに高かったことが判明した。

また、組織的ホワイトカラー犯罪は起訴までにも長い時間がかかることが分かった。表4-2に示すように、最初の事件が発生してから強制起訴されるまでに平均6・6年、判決が出るまでに平均9・2年を要した。日本の刑事司法は、強力な組織や特権階級のエリートが関与する事件を慎重に処理し、その時間のかけ方は寛大だと表現できよう。もちろん、これは日本特有のものではないが、法の下での平等という日本国憲法の保障する原則が、実際には機能・実現していないことを示している。

組織的ホワイトカラー犯罪による壊滅的な被害のいくつかは、未然に防ぐことができたかもしれない。明石歩道橋事件では、前年の花火大会で3000人が同じ橋に殺到し、危険な状況を作り出したため、明石警察署、明石市、警備会社は将棋倒しの危険性を事前に警告していた。同様に、尼崎市の調査では、JR西日本がコスト削減のために、スピード違反の列車を警告する自動列車停止装置を設置しないことを決定していたことが明らかになった。また、JR西日本は、定時運行を怠った電車の運転手に「日勤教育」という罰則を科していた。福知山線で脱線事故を起こした運転士は、遅れを取り戻そうと、制限速度をはるかに超える時速120キロのスピードを出していた。また、調査の結果、JR西日本には、「事故の被害者や国民感情よりも会社の利益を守ることを優先する企業文化」があったことが明らかになった。[22] 福島の原発事故も同様に、コスト削減策と規制の不備によって引き起こされた。このような組織的ホワイトカラー犯罪のケースでは、いずれも検察が政府や企業のエリートの不起訴を決定し、検察審査会はこの不処罰の問題に対処したのである。

## 結　論

検察審査会の強制起訴の頻度はごく稀だが、それと反比例するように検察審査会に向けられた注目度は非常に高かった。検察審査会法が改正された２００９年以降、強制起訴で起訴されたのは10件で、被告人数は14人、うち有罪判決を受けたのは２人で、その有罪率は14％である。この有罪率の低さから、強制起訴制度は、起訴を義務付けることで、罪に問われる人の権利や利益を侵害しているとの批判もある。しかし、12年間で10件というのは、強制起訴が多く行われたとは言い難く、これらのケースを詳細に調べてみても、検察審査会が過剰に起訴しているという兆候はどこにも見られない。

通常の事件では、日本の高い有罪率は、検察官の慎重な事件選択と保守的な起訴方針を反映している。犯罪被害者の中には、味方で擁護者であるべき検察官から見捨てられたと感じる者も少なくない。被害者権利運動により、国家からも見離されたと感じる被害者も声をあげやすくなった。被害者の権利を守るためには、被害者の声を聞くことが必要だが、検察が高い有罪率を維持しているのは、救済されるべき被害者を「不起訴」という処分において犠牲にしている面もあるからである。もちろん、このような慎重な起訴方針は、世界が羨むほどの低い拘禁率など、多くの喜ばしい結果をもたらしていることもまた事実である。しかし、この政策の重荷を負わされているのは被害者である。被害者の立場からすると、「確実に有罪にできる被疑者だけを起訴する」という、現在の検察方針に疑問を感じざるを得ないであろう。また、無罪判決は、起訴したことの価値がなかったことを意味するものでもない。刑事裁判は、私たちにどのように判断し、何を断罪すべきかを教えてくれるものであり、そのための豊かな教訓を提供してくれるものだからである。[23] 日本の慎重な起訴政策は、このような「教育」の機会を多く犠牲にしたが、検察審査会は難しい事件を積極的に裁判にかけることで、重要な問題が真剣に議論される可能性を高めた。検察審査会による強制起訴制度を批判している人たちは、自分たちの批判が、検察官がたとえ難しくても必要な行動をとることを妨げていることをもう一度考えてみてはどうだろうか。

# 第5章　教　訓

検察にはいろいろな問題がある。その中でも最も軽視されがちなものは、ホワイトカラー犯罪や性犯罪などの深刻な犯罪のうち、起訴されるべきものが起訴されないという問題である。起訴されるべき事件が不起訴になるという問題は、日本だけでなく、他の国々でもよくあることだろう。しかし、これらの犯罪が不起訴になると、被害者は苦しみ、犯罪抑止力も正義も失敗に終わることになる。日本独自の制度である検察審査会が創設された目的の一つは、この問題に応えるためである。本書はこれまでの章において、検察官の不起訴処分を審査するこの機関の起源、機能、そしてその影響について述べてきた。本章では、不起訴となったある性犯罪事件にまつわるエピソードを紹介することで、検察審査会制度の意義と問題点を改めて浮き彫りにし、いくつかの教訓を示したい。最後に、日本における検察審査会が、より透明性を高め、効果的で民主的な機関として改善されるよう、我々の分析から得られたいくつかの改善策を述べてみたい。

## 強制性交(旧強姦)事件を起訴しないという問題

認知件数だけを見ていると実態がつかみにくいが、日本において強制性交は大きな問題である。国連の薬物犯罪事務所（ＵＮＤＯＣ）が２０１３年に発表したデータによると、日本における強姦（現強制性交等）事件の発生率（人口10万人当たりの認知件数）は１・１に過ぎず、スウェーデンや英国、アメリカにおけるそれはこの30倍から50倍はある。しかし、日本において、強制性交等事件のほとんどは警察に届け出られることはない。内閣府の２０２０年の調査によると、無理やり性交等をされた経験を持つ人がその被害について警察に相談した割合は５・６％に過ぎない。性犯罪において警察に被害を届け出るのはほんの一部の被害者であることが分かる。そして無理やり性交等をされた経験を持つ人々のうち、被害者と加害者の間に面識がなかったのはたった12％に過ぎないのである（第1章の注(21)参照）。つまり、日本において強制性交等事件の多くは被害者と加害者の間に面識があることになるが、そのうち警察に届け出られ、起訴される事件はほとんどない、ということになる。日本人の多くはこの現実について「幸いにも気が付いていない」ということである。そして、性犯罪加害者の多くは男性である一方で、この犯罪について口を閉ざすことに加担し、被害者が警察に届け出ることを難しくしている現状の責めは、男性だけではなく、すべてのジェンダーが負うべきであろう。

ほとんどの強制性交等事件は「閉ざされたドアの後ろ」で起こり、そこには第三者はいない。従って、被害者が同意したか否かという重要な問題についての証拠が隠されて見つからない「ブラックボックス」としての犯罪であると検察官もみなす傾向にある。ゆえに検察官はこれらの事件を起訴することに非常に慎重になる。ここで紹介するある事件は、この保守的なアプローチだけを通して見てしまうと、被害者の問題も、犯罪抑止も、そして正義についてもうまく対処できなくなってしまう一例と言える。[1] この事件は日本における「#MeToo 運動」の拡がりのきっかけともなった事件である。[2] これから紹介する事件の主な内容は、Aの手記に基づいていることを最初に断っておきたい。

ある若い女性ジャーナリストAが、2015年4月に、東京都のホテルでベテランジャーナリストXから準強姦(当時)の被害にあったと警察に被害届を出した。警察は捜査でAがホテルの建物の入り口に入る際に、酩酊し自分の意思で歩いているようではなかった様子で映っている監視カメラの映像を証拠として収集していた。警察はまた、タクシーの運転手の証言も得ていた。これらの証拠に基づき、警察は逮捕状を請求し、逮捕状が発付された。しかし逮捕は中止された。これは異例である。

Aの供述やホテルの監視カメラの映像、そしてタクシー運転手の証言まであったにも拘わらず、検察はXを「準強姦事件」について「嫌疑不十分」で不起訴、とした。Aは検察から以下のような説明を受けたという。

「この事件は、Xが本当に悪いと思います。こんなことをやって、しかも既婚で、社会的にそれなりの組織にいながら、それを逆手にとってあなたの夢につけこんだのですから。それだけでも十分に被害に値するし、絶対に許せない男だと思う。あなたとメールのやりとりもあって、すでに弁護士もつけて構えている。検察側としては、有罪にできるよう考えたけれど、証拠関係は難しいというのが率直なところです。ある意味とんでもない男です。こういうことに手馴れている。他にもやっているのではないかと思います」

そしてこの検事はさらにこう続けたという。

「日本においては、性犯罪を立証するのはとても難しい。日本の刑法では被疑者の主観をとても重視する傾向があるのです。当然、被疑者が罪を認めることは稀なので、「合意のもとでした」と言う。アメリカの刑法では、主観より客観的な事実で起訴が出来る。日本では、客観的な状況だけでは、明らかな有罪だったとしても、被疑者がそれを認めない限り有罪になりにくいのです。強力な証拠を求められます。例えば、犯行を撮った映像や音声、第三者が目撃していた、等々③」

もちろん、Aには準強姦の事実を撮った「映像や音声」もなかった。彼女はその時、意識がなかったのだから。そしてXの客室には「目撃者としての第三者」もいなかった。しかしホテルの監視カメラの映像、タクシー運転手の証言は存在した。もっと重要なことに、Aが警察や検察に対し、同意なく性的な暴行を受けたと供述していた。もし警察や検察が彼女の供述をもっと信用していたなら、結果はずいぶん違ったであろう。世界中で、15歳以上の女性の実に30%が、親密なパートナーから、あるいはそれ以外の相手から被害を受けた経験がある、と報告されている④のだから。

しかし、検察や警察はAの供述を信用して手続をさらに進めることはしなかった。そして、これは何も日本だけの問題ではない⑤。通常はここで話は終わってしまう。しかしAは粘り強く闘い、東京の検察審査会に審査を申し立てたのである。申立から4カ月後の2017年9月、検察審査会は「不起訴相当」という議決を出した。これは全国の検察審査会が検察の不起訴処分について審査後出す議決の90％以上を占める。そして、強制性交等事件の審査でも同じく、90％以上はこの答え――「不起訴相当」――だ。

一方、Aが提訴した民事訴訟においては、東京地裁は不法行為（合意なしの性行為）に基づく賠償を認め、330万円の支払いをするようXに命じた。また、Xの反訴については退けた（2022年1月に出された控訴審判決では、Aの訴えが再び認められ、Aに対する賠償額が332万円に増額された一方で、Xの反訴も一部認められた）。一審で認められた賠償額は、準強姦事件で強制起訴され、裁判で無罪が確定した鹿児島県のゴルフインストラクターに対する民事訴訟で認められた賠償額と同じ金額であり（第4章を参照）、東京の住民の平均収入の半額以下の額である。日本の司法制度においては、被害者が事前に金銭を受け取ることで、告訴や、民事訴訟の提起を断念したり、あるいは取り下げるといったことが起こり得る。日本においては、性犯罪事件のうち3分の1以上が、この「示談」で処理され、正式な手続から消えてしまっているのである。

読者の中には、なぜ強制性交等の被害を受けた女性が金銭を受け取ることと引き換えに加害者に対する告訴を取り下げることを検討するのか、と不思議に思う人もいるかもしれない。A

はその選択はとらなかったが、警察や検察、そして検察審査会ですら性犯罪事件についてどう対応するかということを考えると、彼女の事件も示談に応じることが多くの被害者にとって合理的な決断となり得ることを示していると言えよう。被害者が声をあげることのスティグマもある。Aが検察審査会に審査を申し立てた後開いた記者会見においては、彼女の服装を「胸元を開けた服を着ている」と表現したメディアもあったし、そのことで中傷する人々もいた。このような文化の中では、多くの性犯罪被害者は法に訴えるより、顔を覆い隠してしまうことを選択したとしても不思議ではないであろう。A自身も、その後多くのヘイトメールやメディアからの攻撃を受け、それを避けるために英国への移住を余儀なくされた。

信頼は社会を成り立たせる基本概念である。信頼こそが、政治や経済、そして刑事司法を機能させる。Aの事件の結末は、被害者を裏切り、加害者を好き放題にさせ、そして刑事司法が依拠する信頼を腐食してしまう。Aのようなケースは日本においてはありふれてもいる。これは性犯罪事件のみではなく、ホワイトカラー犯罪や、企業犯罪、そしてDV犯罪においても当てはまると言えよう。

Aが正義を得ようとして闘った努力は成功しなかった。しかし、このケースは、日本において性犯罪被害者がいかに端に追いやられ、沈黙を強いられ、そして正しく扱われていないかについての社会の認識を高めるうえでは大きな役割を果たした。Aのケースは、起訴されるべき犯罪がいかに起訴されないか、そして検察審査会が活発化することで、硬く乾ききって、無関心な刑事司法によって裏切られたと感じる被害者をいかに少なくすることができるかを示す好例でもある。これらの点において、Aのケースは、この本において著者らがこれまで述べてきたことの核心をはっきり示すものでもある。つまり、起訴されるべき事件でありながら不起訴となる事件が存在する一方で、検察審査会はその問題を是正することに失敗してしまっている、ということである。

検察審査会は日本における検察、刑事司法、そしてもっと広く、日本の「法と社会」全般にも様々な影響を与えている。それらの影響の中には保守的なものもあれば、進歩的なものもあり、また多くはその混合型であると言えよう。

## 教　訓

Aのケースや日本の「#MeToo 運動」の影響を完全に見極めるには、さらに時間がかかるであろう。そしてよりよい方向に事態が大きく改善するまでには何年も何十年もかかるであろうし、その進展も確実ではない。「#MeToo 運動」の中心地であるニューヨーク市では、201

9年に検察官が性犯罪事件の起訴を拒否した割合は、映画プロデューサーのハーヴェイ・ワインスタイン氏の事件が全米で注目を集め始めた2017年からさかのぼった前の10年と比べて増加している。[6] また、米軍では女性兵士の約4人に1人が性的暴行を受けたと報告しているが、加害者が有罪になったのは被害を報告した女性100人のうち1人という割合であった。[7]

2009年に改正検察審査会法が施行されたことで、市民により構成される合議体が法的拘束力のある起訴を議決することができるようになったわけであるが、その効果について確固たる評価を行うには時期尚早である。刑事司法改革の影響が実際に現れるまでには時間がかかるものである。[8] しかし本書で示す証拠に基づいて何らかの教訓を示すことはできる。この項では、12点の教訓を示してみよう。

**①検察官をチェックすることは可能**　検察官は起訴に慎重で「臆病」とさえも言われるが、そのことが日本の有罪率の高さに繋がっている。他国の刑事裁判においては起訴されるような被疑者でも、日本では起訴されないことが多い。これは全体的な観点から見ると、好ましいパターンでもある。なぜなら、刑事制裁は善をなす能力が限られており、害をなす可能性が大きいからである。しかし一方で、日本では、起訴されるべきなのに起訴されない刑事事件が多くあ

る。検察審査会という、市民による審査制度は、この問題に対処するために作られたものである。もちろん、これは日本だけの問題ではなく、諸外国でも検察官の不起訴決定に対するチェック機能はほとんどない。このように比較すると、検察審査会は、政府が行使しうる最も大きな権力の一つであり、刑事司法による不正義の大きな原因の一つともなり得る検察権力を手なずけるための取り組みとして際立っている。この意味で、検察審査会制度は民主的な検察に向けた実験である。本書で示してきた証拠によれば、検察審査会制度は完璧とは言い難いが、刑事司法制度の他の部分が真剣に考慮してこなかった可能性を示しているという点で重要である。つまり、事件を起訴しないという検察官の裁量は、市民の審査によってチェックできるということである。

②検察審査会の起源　1948年に制定された「検察審査会法」は、日本の刑事司法を民主化したいと考えていたアメリカの政府関係者と、大陪審や検事正の公選制を求めるアメリカに抵抗した日本の政府関係者との間の「妥協の産物」として、占領下で制定された。つまり、**検察審査会制度は道義的・法律的な配慮からだけでなく、現実的・政治的な配慮から生まれたものでもあったわけである。**

③正当化がもたらす効果　検察審査会についての最も根本的な事実は、検察審査会が審査する事件の大部分において、検察官の不起訴処分を支持していることである。2015年から2019年までの5年間で、検察審査会は審査した事件の95%で「不起訴相当」議決を出している。1949年から2019年までの70年間でみると、この割合は85%という数字である。このような数字を引き合いに出して、検察審査会は重要な監視機能を果たせてはいない、と批判する声もある。実のところ、筆者らも、検察審査会についての研究を始めた当初は同様の見解を持っていた。しかし、筆者らは次に挙げる二つの理由からこの見解を改めるに至った。まず第一に、検察審査会が検察官の処分に異議を唱える割合は5〜15%であり、これは日本において裁判所が検察官の公訴提起と事件についての証明に異議を唱えて無罪判決を出す割合よりもはるかに高い。第二に、検察審査会は、検察官の不起訴処分を支持することで、検察の意思決定や日本の刑事司法全般に対する国民の信頼を高めている。この正当化機能は、社会のごく一般の人々の同意・承諾を得ることで、既存の権力関係を維持することを助けるという意味では、保守的なものである。しかし、正統性のない法的権威は剝き出しの権力であり、正統性のない法制度はうまく機能し得ない。日本の刑事司法にはたくさんの問題があり、本書でもそのいくつ

かについて言及してきた。しかし、比較法的観点で見ると、日本の刑事司法には素晴らしい成果もたくさんある。検察審査会が検察官に対して示しているその支持のパターンを見ると、検察はそのいくつかを自分たちの手柄にすることができる。

**④検審バックの効果**　戦後初期の時期においては、検察審査会が活発に活動していたことを示すいくつかの証拠がある。戦後初期の検察審査会は、検事正に対し、一般的な検察事務の改善について「建議・勧告」を行い、職権で審査を開始し、後の年代と比べると、より頻繁に検察官の不起訴処分に対して異議を唱えていたのである。しかし、時が経過するとともに、検察審査会はこれらの点で消極的になった。今日では、検察審査会が「建議・勧告」を行うことはほとんどなく、職権で審査を開始することもほとんどない。そして、検察官の不起訴処分に対して異議を唱えることも以前に比べて少なくなった。これらの理由から判断して、検察審査会は弱く、十分に活用もされておらず、その位置づけは不明瞭であると考えられるようになった。そしてこのような認識に基づいて検察審査会法は改正され、特定の条件下では、起訴が義務付けられるようになった。しかし、この改正前においても、検察審査会の直面した現実はこれらの認識以上にもっと込み入ったものであった。確かに２０００年代から２０１０年代にかけて、

検察審査会が検察官の不起訴処分を審査した件数自体は、検察審査会制度創設後の数十年間のそれと比べると減少した。しかしその一方で、**「検審バック」された事件について、検察官が起訴処分に変更することは、より多くみられるようになった。**２００１年以降でみると、検察官は検察審査会により「検審バック」された事件の22％において不起訴処分を起訴に変更しているが、過去半世紀（１９４９年～２０００年）におけるその変更率はわずか７・４％であった。近年では、この変更率は４分の１を超える年もあり、２００２年と２００６年の2年間は、変更率はなんと3分の1を超えているのである。つまり、今日の検察官は、検察審査会からの助言を受け入れて、いったん出した不起訴処分の多くを再考しているのである。この点は正当に評価されていないと思われるが、これは時間とともに二つの相互作用的な変化が行われてきたことの結果である。つまり、検察審査会は検察官の不起訴処分に異議を唱えることが少なくなり、一方で検察官は検察審査会の助言に、より従おうとするようになったのである。

**⑤影《シャドウ》効果と影響**　検察審査会による「検審バック」の影響に加えて、見落とされがちではあるが、広範囲に及ぶ影響がある。**検察官は自分たちが不起訴処分を出せば、それが検察審査会の審査にかかる可能性を認識しており、日ごろからその「影」を意識しながら起訴の決定を行**

っている。この、「影を意識したことによる影響」がどのくらい頻繁に、検察官の意思決定を変えているかを正確に見つけ出すことはできない。しかし、筆者らの研究によると、検察官は日ごろから、市民によるチェックの可能性を念頭に置きながら、意思決定を行っていることが分かった。これは、検察審査会による影響の中でも、最も広範囲に及ぶものであると言える。改正法が施行された２００９年以降は、検察審査会は「もし検察官が起訴しないのなら…」という形で、強制起訴があるかもという見通しの拘束力を検察官に突きつけており、その影響力はおそらくより強力になっている。これはたとえるなら、カップルやその弁護士が離婚条件を交渉する際に、「法律の影を意識しながら駆け引きする」ように、検察官は「検察審査会の影を意識しながら起訴を決定する」のである。なぜなら、「検審バック」されてしまうと、多大な時間を費やさねばならず、面倒であるのが現実であるし、同じような事件ではどのように処理されたかという記録もあるので、それを参考にしながら、検察官は判断をすることができる。このようなかたちで、検察審査会は検察官がどのような手続をとって進めていくかを決定するための枠組みを提供しており、その影響は、検察審査会が積極的に事件を審査しているとは言えない状態であったとしても大きくなり得る。この効果については、公式の統計から把握できるわけではないが、だからと言って無視してよいものではないのである。

⑥強制起訴と有罪判決の少なさ　２００９年に導入された強制起訴制度については、これを歓迎する意見もあれば、非難する意見もある。しかし、この改革による実際の効果は、支持者や批判者が予想したより、込み入って複雑なものである。強制起訴制度が導入されてからの12年間で、検察審査会が強制起訴に踏み切ったのは10件である。被告人の数としては14人だけで、うち有罪となったのは2人のみであり、そのどちらについても刑罰は厳しくない。有罪率は14%と低く、これを見ると、検察審査会は強制起訴を出すことに張り切り過ぎで、このことは被疑者被告人の権利を侵害しているという批判的意見もある。しかし、12年間で10件というのは、強制起訴の「雪崩」現象が起きたとは到底言えない。強制起訴事件の詳細については第4章で述べたが、そこからも、検察審査会が強制起訴を出し過ぎているという兆候はほとんど見られない。さらに分かったこととして、ホワイトカラー犯罪とそれ以外の犯罪を区別してみると、前者では強制起訴の成功率（つまり、後の公判で有罪になる割合）が後者よりもかなり低いことがわかった。このことは、検察審査会が過剰なほどに貪欲であるとまでは言えないことを明らかに示すものである。なぜなら、ホワイトカラー犯罪や企業犯罪は、日本でも他の国でも、十分に起訴されていないと言えるからだ。むしろ、ホワイトカラー犯罪者を有罪にすることの難し

さは、世界の刑罰法令の仕組みについての一般的な真実を示している。**ホワイトカラーの犯罪者を有罪にするのは、ほとんどの国においても困難なことである。また、ほとんどの国において刑罰法令は、金持ち、有力者やコネを多く有する人々に比べて、社会の中にいる「持たざる者」に対して積極的に適用される。**「下に向けられた法が上に向けられた法よりも大きい」という事実が問題である。[9] 日本における検察審査会の試みは、この問題を解決するものではないが、最も顕著に現れている問題のいくつかを修正するのには役立つものであると言えよう。

**⑦企業犯罪の抑制に向けた課題**　これまで述べてきたポイントは、東電の旧経営幹部3人が強制起訴されたケースにおいてよく示されている。被告人らに対しては2019年に一審で無罪判決が出たが(指定弁護士は控訴し、本書執筆時は控訴審継続中)、彼らが起訴されたことは、彼らの会社の無謀さ(不注意さ)の犠牲となった人々のために、いくばくかの正義の手段を生み出したことは確かである。さらに、彼らが起訴されなければ闇に葬られたままであったであろう重要な事実が発見されることにもなった。現代において最大の法的課題の一つは、企業がその利益を追求することが会社法においても主要な要請である中で、いかにして企業に社会的責任を果たすように行動させるか、ということである。もちろん、検察審査会制度は特効薬ではない。

検察審査会制度のみによっては、企業が自分たちが生み出す害悪を、それを受け取ることを同意していない人々に対して押し付けるという恐ろしい傾向を抑制することはできない。**しかし、検察審査会は、企業をよりサイコパス的ではないものに作り変えるための、ひと包みのパッケージの一部にはなり得る。**そもそもこれは簡単なことではないし、企業は私たち自身が創り出したものであるという、「最も破壊的な真実」を我々が念頭において置かない限りは、不可能である。政府を通じて企業に力や能力を持つことを許してきたのは私たち自身であることもまた間違いないのである。

⑧**分かっていないことが多い**　第2章では、検察審査会の審査プロセスの基本的事項について説明した。そして、検察審査会に参加した市民の圧倒的多数がその経験について肯定的な評価を報告していることも分かっている。筆者らは本書のために検察審査会についての研究に数年を費やしてきたが、検察審査会の審査会議が実際にどのように運営されているかについてはまだ殆ど分かっていない。次の二つの点における知識の欠落は特筆すべきことであろう。まず一点目として、**検察審査会が意思決定する際の過程には透明性がないことである。**東京第六検察審査会が、Xに対する不起訴処分を「相当」と判断したとき、その理由は女性ジャーナリスト

Aに対しても闇に包まれたままだった。同じような窮地に立たされている犯罪被害者や検察審査会への申立人は他にも多くいるだろう。第二点目として、**検察審査会事務局を担当する裁判所書記官や裁判所職員が検察審査会の審査にどのような影響を与えているかについては、ほとんど分かっていない。**しかし、検察審査会の会議が実際にはどのように運営されているかについて仮説を立てることはさほど難しくない。筆者らによる「予想」のうち、最も重要なものは以下の通りである。検察審査会事務局は、検察審査会がどのような事件に焦点を当て、どのような判断を下すかについてかなりの影響力を持っているのではないか。そしてそれはおそらく、刑事司法の現状に適合する傾向で行われているのではないか、ということである。もし検察審査会制度の重点が、より市民感覚を反映した起訴決定を行うことにより、刑事訴追をもっと民主的なものにしようとするところにあるのであれば、この種の、「官による」影響力は大いに問題であろう。このように考えると、検察審査会事務局が実際には何をしているのかについて、市民がもっと知る必要があるということになろう。これは皮肉な点だと思うのであるが、より「民主的」な起訴を行うための機関について、より多くの事実を調べようとした筆者ら自身の努力が、この機関の使命を推進すべきはずの、同じ機関の事務局(検察審査会事務局)の存在により阻まれた、とも言えるのである。

**⑨市民の満足度**　検察審査会の審査員を務めるよう呼び出された際、多くの人々はこの「市民の義務」を果たすことに積極的な姿勢を示すとは決して言えないが、一方で、その任務を果たした後には、ほとんどすべての審査員経験者が「審査員としての経験は有意義であった」と回答している。[10] もちろん、その経験に市民が満足したからといって、「成功裏に任務完了」を意味するわけではない。筆者らが考えるに、日本では、市民が裁判員を務める際の「負担」を最小化することに重点を置きすぎており、その結果、公平性、公正性、正確性、正当性といった、市民参加によるその他の主要な目的を後退させてしまっている。同様の問題が検察審査会制度にもあるのではないかと考えられるが、まだ確証はない。既に述べたように、検察審査会を運営する事務局の裁判所職員の行動についてはほとんど分かっていない。しかし仮に検察審査員たちが「お客さま扱い」を受けて、注意をそらされ、或いは手懐けられているとしても、審査員経験者のほぼ全員がその経験を肯定的に評価していることは心強いことである。審査員経験者の多くが自らを「力を持たない、お飾りのようだった」と評価したのであれば懸念すべきことであるが、そのような意見はほとんど示されていない。審査員を務めた人々の言葉こそ意味のあるものとして我々は受け止めるべきかもしれない。

⑩検察審査会の危険性　本書ではここまで、検察審査会制度について、そのポジティヴな機能や知見を強調して論じてきた。なぜなら、筆者らの研究において浮かび上がってきたのはそれらの側面であったし、また筆者らが示してきた事実の中には、先行研究では論じられていなかったものもあるからである。しかし、検察審査会制度には危険性や問題点があるのも事実である。その点について、二つの重要なポイントを簡単にまとめてみよう。まず一点目は、**刑事訴追権限は誰が行使してもその影響力たるや絶大で、もし間違って行使されてしまったり、過剰に行使されることがあると重大な被害をもたらし得る**、という点である。総量でみると、検察審査会が検察官に対し起訴を頻繁に要求しているということを示す有力な証拠はない。むしろ、とくに性犯罪やホワイトカラー犯罪のケースでは、検察審査会がもっとはりきって、検察官の不起訴処分に異議を申し立てる必要があるようにさえ思える。しかし、検察審査会の介入により、起訴されるべきではない事件が起訴されてしまうこともある。小沢一郎氏の強制起訴事件もその一つで、プロの検察官たちの政治的信念や動機が見え隠れするものであった。小沢氏は最終的に無罪となったが、起訴されたことで小沢氏の政治家としてのキャリアや、自民党に対抗する一部の政党の展望に永続的ダメージを与えることになった[11]。同様に、1974年の甲山

事件で、2人の幼児を殺害したとして逮捕されたBについては、検察審査会が「不起訴不当」だとして「検審バック」したことが発端となって起訴されることになった。Bに対する裁判は、無罪判決が3回出されることでやっと終わった。Bは自分の人生を取り戻すためには、裁判所が何度検察の主張に疑義を示す判決を出しても、「不起訴から起訴へと変更したこと」を考え直そうとしない検察との25年に渡る闘いが必要だった。甲山事件のケースは、不当に起訴されることの危険性と、検察審査会が起訴を促した際に、それを検察や、そして社会が無批判に受け止める危険性についての警告としての例である[12]。

二点目は、**検察審査会は業務上過失事件については、とりわけ慎重に事を進めないといけないということである**。なぜなら、この種の事件を起訴したとしても、有罪判決を得るのは難しいからである。また、刑事制裁が最も効果的に機能するのは、その刑事制裁の対象となっている行為が「社会に対して脅威となる行為として多くの人の目に留まり、社会のいかなる重要な部分によっても容認されない[13]」場合であり、「その行為に対処するためには、刑事制裁に代わる合理的な方法がない」場合であるからだ。日本をはじめいくつかの国々においては、過失による行為がこれらの基準を満たすことがある。しかし、上で挙げたような、刑事制裁の最適な適用の基準から離れれば離れるほど、その適用は危険なものとなり得る。

**⑪民主的な刑事訴追を目指して**　起訴の決定において検察審査会を関与させることのもう一つの懸念は、専門家の知恵や経験に素人の感情と偏見がとって代わってしまうことである。この考え方によれば、検察審査会は、「市民」という、推定された権威を持ち出すことで、専門家やリベラルなエリートの見解を否定する「ペナル(厳罰)ポピュリズム」の一形態であると言えよう。しかし、筆者らは、このような考え方は単純に過ぎると考えている。そう考える理由としてはまず、「ペナルポピュリズム」にも様々な形態があり、処罰的なものもあれば、そうでないものもあるからである。さらに、どれだけポピュリストからのプレッシャーによって影響を受けやすいかは、その国の政治システムによっても違う。さらに、日本の刑事司法制度が、他の多くの国の刑事司法制度と比較してとりわけポピュリストからの影響を受けやすいというわけでもない、と考えるからである。それから、「論より証拠」とでも言うべき点もある。検察審査会は70年以上前から検察官による不起訴処分の見直しを行っているが、日本の刑事司法制度は現在、世界で最も「厳罰的ではない」刑事司法制度の一つであると言えよう。検察審査会の最大の利点は、検察をより民主的にするための機関であるという点であり、人々の意見をよりよく代表し、法の原則もより尊重し、リベラルの価値観もより重視し、そして市民参加に

よってより大きな影響を与える、というところにある。「民主主義」にはいくつかの異なる意味があり、それぞれの間には緊張関係があり、両立し得ないものもあるわけであるから、それぞれのバランスをとるための「唯一の正しい方法」というものはない。「民主主義」は複雑な概念であり、それを理解するための本質的な方法が一つしかない、というわけではない。さらに言えば、民主主義にコミットしようとすることは通常、民主主義的な政治文化において神聖視されている他の諸価値(権利や合理性等)と常に緊張関係にあるものなのである。日本では、検察官による不起訴処分の約7割は「起訴猶予」なのだ。このようなケースでは、検察官は基本的に「起訴することはできるが、起訴しない方がよいと考える」と言っていることになる。検察官の判断は多くの場合、正しい。しかし、その結論や、その根底にある、民主主義についての様々な価値観に対する評価は、検察官を生業《なりわい》にしていない人から見ると、疑問に思える場合があるのであろう。検察官の経験やその専門性と、世論や常識との間の「適切なバランス」について抽象的に述べることはできない。これは誰にもできないであろう。しかし、このような難しい意思決定プロセスに一般市民を参加させることが賢明であるということは、日本における検察審査会制度の試みが明らかに示していると言えよう。

⑫他国への示唆　本書は主に日本の状況について書かれたものであるが、筆者らの研究によって得られた教訓は、他の国々や異なった状況下においても心にとどめられるべきものである。本書の共著者のうち2人は、主に米国で生活し、仕事をしている。米国では、大量起訴という不正義が行われており、それはさらに多くの刑事告発を求める声にもつながっている。しかし、現実はもっと込み入っており、米国においても、とくに性犯罪やホワイトカラー犯罪、また企業犯罪などでは、起訴されるべき事件が起訴されない、という問題が起こっている。ドイツや韓国、そしてその他の国々においても、これらの重大な犯罪を不起訴にしてしまうという組織的な失敗によって、被害者や犯罪抑止力、また民主主義の目的が果たせないということになっている。最後に、広い範囲に適用できるであろう知見を述べて、この項を閉じたいと思う。日本の検察審査会制度が完璧な制度だとは言わないが、他の多くの国々では不可能とされていることを可能にできることを示していることも間違いない。それはすなわち、検察官による不起訴裁量は市民の審査によってチェックをすることができる、ということである。そしてそれは望ましいことなのである。

## 改革のための提言

筆者らは当初は、検察審査会制度を称賛するつもりはなかった。実際、この研究を始めた頃は、検察審査会の機能や効果については懐疑的であった。ただ、筆者らは「心を開いた」懐疑論者であり、見解のいくつかを変えるに至ったのである。しかしながら、検察審査会が「良い仕事」を行っていることを認めることは、検察審査会制度を手放しで褒めることを意味しないし、検察審査会制度にも問題がある。検察審査会制度を改革することで、民主的な検察を促進することができるし、それは日本の価値観によりよく応えることにもなると考えている。

最も一般的な言い方をすれば、検察審査会を活性化することで、女性ジャーナリストAのような被害者を減らすことができるかもしれない。そして、「うまく逃れる」ことが現在は可能になってしまっている重大な事件の加害者たちに、その説明責任をもっと果たさせる必要もある。さらに、それと同時に、罪に問われた人々は、弁護士によってより充実した権利擁護を受け、検察審査会の審査に付されることによる潜在的な害からの保護がもっときちんと受けられるようになるべきである。これらはバランスをとるのが難しい課題である。「改革」はまさに、「言うは易く、行うは難し」ということであろう。したがって、ここで述べる結論は、改革のための「処方箋」を示すわけでもなければ、改革を実現するためのマニュアルというわけでもない。あくまでも、検察審査会がそのパフォーマンスを向上させるために必要な方法を示す、というものに過ぎない。

日弁連は、2016年9月に『検察審査会制度の運用改善及び制度改革を求める意見書』を発表し、被疑者の権利と利益をよりよく擁護することを目的とした多くの提言を行っている。それらは例えば、審査に付された事件の被疑者は、検察審査会の前で意見を陳述する権利が与えられるべきである、検察審査会の審査過程において、被疑者に弁護人の選任権を保障すべきであり、国選弁護人を利用できるようにすることも検討すべきである、証人等についての証拠調べ請求権を被疑者に認めることも検討すべきである、検察審査会(および検察)は、より多くの関連証拠を被疑者とその弁護士に開示すべきである、等々である。

さらに言うと、被疑者被告人の権利の観点からは、検察官も指定弁護士も、検察審査会の「検審バック」によって起訴された事件の裁判において無罪判決が出された場合は、事実誤認を不服として控訴できないようにすることも検討すべきかもしれない。日本の刑事司法は、法執行機関の利益の方に大きく傾いており、その点で「アンバランス」である[14]。上で挙げた、日弁連による賢明な提案の数々は、被疑者被告人の権利を強化することで、この「アンバランス」を解消しようとするものでもある。また、検察審査会の審査に付されることの「ダークサイド」のリスクからも被疑者を保護することができる。また、強制起訴の範囲を拡大することも求める声もある。検察審査会法改正後の12年間で、強制起訴されたのはわずか10件であった。検察審査会制度に、より強い権限を与えるためにも、検察審査会が一度目に「起訴相当」と判断した場合のみ、二度目の審査につなげるのではなく、一度目に「不起訴不当」という議決になっても、二度目の審査会を開き、起訴議決に至るかどうかの対象にしてはどうかという提案がかつて示されたこともあった⑮。前者の議決は、検察官に起訴すべきだと宣言するものであり、後者は起訴についての最終判断をするためには、もっと多くの捜査が必要であることを主張するものである。警察や検察がおざなりな捜査をしたと思われる場合、検察審査会にとっての唯一の手段は警察や検察に対し再捜査を要請することである。しかし、とくに性犯罪やホワイトカラー犯罪等、警察や検察が消極的で冷淡なアプローチをとりがちな類型の事件においては、これだけでは不十分な場合が多い。強制起訴に至る議決の範囲を拡げれば確かに、警察や検察がこれらの犯罪にもっと真剣に取り組むようにプレッシャーをかけることができるだろう。

これまで述べたような改革案には検察官は抵抗するだろう。また、強制起訴に至る議決の範囲を拡げると、より多くの被疑者が不当に起訴される危険にさらされることにもなり、前出の日弁連による「意見書」の求めるところが損なわれてしまう可能性もあることは、筆者らも認識している。意味のある改革を行おうとすると、常に異なる価値観との間には緊張関係が生じ、また「あちらを立てればこちらが立たず」の状況も伴う。しかし、筆者らが次に示す改革案はそれほど論争を呼ぶものでもないであろう。現行の検察審査会法のもとでは、事件について審査し、議決をとるために投票する際には、11人の審査員全員が出席しなければならない。検察審査会の審査員の数を15人に増やし、議決をとる際の定足数を11人としておけば、審査員が欠席したために会議が開かれない、という問題は解決するであろう。

また、検察審査会は審査員の構成について、年齢、性別、職業、イデオロギーなどの面でもっと多様なものになる必要がある。検察審査会の審査員について、その構成が「高齢者」、「男性」、「保守派」に偏っているのではないか、ということを示す研究もある[16]。なぜ、「若年層」、「女性」、「リベラル派」の層が少ないのかは不明である。これらのカテゴリーに属する人々の中に呼び出しに出席しない人が多いからかもしれない。或いは検察審査会事務局の担当者が候補者を選出する方法に偏りがある可能性もすて切れない。審査員の構成において保守的な層の人々が多くなると、検察寄りに傾いてしまう検察審査会になってしまうという問題も起こり得るのではないだろうか。逆に、検察審査会に女性が数人含まれるような場合は、強制性交等事件が不起訴になったことについて懸念を示す可能性が高いかもしれないし、また、検察審査会にリベラルな審査員が増えれば、ホワイトカラー犯罪の被疑事件について、より厳しく審査するようになるかもしれない。

本書の第3章では、検察審査会が職権で審査を開始する頻度が年々低下していること、また検察審査会が検事正に「建議・勧告」を行う頻度も同様に低下していることを指摘した。いずれも残念な傾向である。検察審査会によって事件を一度も審査されたことのない犯罪被害者の中には、検察審査会の審査を利用すべきである被害者もいるだろう。事件の限定なしに不起訴処分の見直しを求めることができる機関は検察審査会しかないのである。「付審判請求手続」は公務員の職権濫用事件に限定されている。そして、検察をより民主的にするためには、個々の事件の審査をするだけではなく、検察の方針や通常の業務手順を精査することも必要なのである。検察審査会はこれらの重要な事項についても検察官に対しフィードバックを与える権限が法律上与えられているが、これはほとんど行使されない。検察審査会の活動を向上させるためには、これらの課題や可能性について、検察審査会の審査員自身の意識を高める必要がある。

さらに言えば、検察審査会に対する市民の認知度を高めることも必要である。1990年代初めの研究であるが、ある研究者は、検察審査会が効果的に機能するためには、検察審査会の目的と効果について、もっと「広報活動」をすることが鍵になるであろう、と分析した[17]。しかしながら、この重要な洞察はほとんど無視されてきたのである。一般の人々は、そして犯罪被害者たちも、検察審査会についてほとんど知らないし、検察審査会制度は裁判員制度よりもはるかに知名度が低い。市民がこの制度を知らないことには多くの理由がある。マスコミが検察審査会制度について報道することは少ないし、学者がこの制度について重点を置いて研究することも少ない。法務省のウェッブサイトでは、被害者が利用できる支援についての情報を提供しているが、検察審査会制度についての記述は非常に少ない。このことは驚くべきことではないかもしれない。なぜなら、法務省を動かしている力として検察は重要であるし、その検察の権力をチェックすることが検察審査会の主な任務なのだから。このような説明は正当化を意味するわけではない。この問題から浮かび上がるのは、ある合理的な疑問である。つまり、「現場の検察官は不起訴処分とした事件の被害者に対して、検察審査会の実態をどれだけ説明しているのだろうか」ということである。同様の疑問は、一般の人々が検察審査会制度について学ぶ際の他の情報リソースにおいて多く見られる「情報不足」問題にも向けられる。法律扶助を行う組織としてよく知られているのは「法テラス」であるが、そのウェッブサイトでは、インデックスに「DV等被害者法律相談援助制度」、「被害者参加制度とは」といった項目はあるが、検察審査会制度そのものについての項目はない。これはなぜなのだろうか。

また、裁判所のウェッブサイトでは、検察審査会制度についてかなり広範な事項に渡って「Q＆A」コーナーを設けているが、そこに掲載されている情報のほとんどは、検察審査会に審査員として呼ばれる可能性のある市民向けに書かれたもので、検察審査会の審査によって利益を受けるであろう犯罪被害者やその支援者向けのものではない。暗黙のメタメッセージは、「検察官の不起訴処分を審査するシステムがあります。もしかしたらあなたにその審査員の任務をお願いするかもしれません。しかし、もしあなたが犯罪の被害に遭い、事件の加害者が起訴されなかったとしても、このシステムをあなたが利用することを期待はしていません」とでもいうべきもの、というのは考え過ぎ、言い過ぎであろうか。そして、考え過ぎでないとしたら、本当にこれが日本の司法が大切にしていくべき見解なのだろうか。

情報に関するもう一つの問題は、検察審査会のコミュニケーション方法に関するものである。とくに、検察審査会が検察の不起訴処分を「相当」だと判断する場合（不起訴相当議決）は、被害者や市民に対してもっと多くの情報を提供する必要があろう。女性ジャーナリストAが被害に遭ったとされる準強姦事件では、東京第六検察審査会は検察官の不起訴処分を支持したが、Aに提供された情報や説明は不十分なものであったために、Aや事件の報道を見ていた多くの人も「記者の男性は政治的なコネで起訴を免れたのではないか」と考えるようになってしまった。そのような認識が間違っていたとしても、検察審査会はそれを正すためになにもしなかった。これはAのケースに限ったことはないが、検察審査会がその意思決定について十分な説明責任を果たしているかには疑問を呈せざるを得ない。「説明責任」を果たすとは、ある行動をとった理由をきちんと説明することである。その意味において、検察審査会は説明責任を果たせていないことが多い。

筆者らの見解においては、検察審査会制度についての最も根本的な問いは、検察審査会をどのように活性化させるか、というものである。そのためには、もっと多くの不起訴事件を審査対象とすること、そして、検察官による「不当な不起訴」処分に対して、検察審査会がより積極的に異議を唱えることができるようにすることであると言えよう。しかし、これは難しい問題であり、それにはいくつかの理由がある。まず政治的観点からは、検察官の裁量権限を脅かすような改革は、検察官や国会議員たちからの抵抗にさらされる可能性が高い、ということである。そして法学的観点からは、より積極的に起訴をすることで、えん罪のリスクが高まる可能性があるという問題がある。また文化的観点からは、検察審査会による審査件数をもっと増やすことによって、戦後日本の検察の特徴でもあり、多くの検察や司法関係者が誇りにしてきた、「慈愛に満ちたもの」という主題(テーマ)に抵触するかもしれない、という問題もある。

そして、実際的な観点からは、日本のメディアが刑事司法における諸問題についてもっとニュースで取り上げ、検察審査会がどのように機能しているかについての情報も提供しない限りは、市民が検察審査会に多くの審査申立を行うようになるとは考えにくい。これらは深刻な課題である。しかし検察審査会が、検察権力のチェック機能としての期待によりよく応えるためには、これらの課題を認識し、対処しなければならないであろう。

これに関連する課題として、日本の刑事司法においてみられる「一貫性」の価値は保持する一方で、検察審査会が検察官の不起訴処分に対してより多くの異議を唱えることができるようにするにはどうすればよいか、というものがある。日本においては、検察の在り方は「同じような事件は同じように扱う」ことを常としていることを示す研究がある。これは大きな成果であり、偶然そうなった、というものではないのである。これは日本の検察が、中央集権的であり、協調的・階層的に組織されていることの結果でもある[18]。一方で、検察審査会による意思決定は分散的であり、協調的ではない。従って沖縄県の検察審査会と、山口県や東京都の検察審査会では、同様の事件を審査したとしても、それぞれ異なる審査結果になる可能性がある。短・中期的に見た場合、起訴されるべき事件が起訴されていないという問題を全国的に減らそうというのであれば、各検察審査会の間で多少の不整合があることは許容されないといけないだろう。このことは、一部の検察審査会が活動を先導し、他の検察審査会がその後を追う、というかたちを意味する。各検察審査会の間での意思決定に一貫性を求めてしまうと、各地域の統制に任せるという、検察審査会制度の前提に反してしまう。そしてそれは、「ボトムアップ型」の民主主義改革の可能性を否定することになってしまうのである。

本書を閉じるにあたり、日本の検察審査会制度の分析は、犯罪学、そして刑事司法制度研究において最も重要でありながら、無視されている「問い」に取り組むものであることを指摘したい。それは「刑罰を決定するにあたって、市民の選択はどのような役割を果たすべきなのか」という問いである。この問いに取り組む際には、量刑を決めるプロセスとその結果(判決)から組み立てて、その解答を見つけようとすることが多いが、刑罰についての意思決定過程において検察が果たす役割は非常に軽視されている。多くの国で検察官の権力は増大している一方で、検察官が自らの行動に関して行う説明責任はどの国においても不足している。しかしそれにも拘わらず、私たちが検察について持っている知識は、警察や裁判官についてのそれよりもはるかに少ない。一国の検察に関するこの研究が、他の文脈における検察と民主主義の関係についての研究も促進することを筆者らは願っている。「法と社会」の研究において、これほど重要なテーマはないであろう。

## 岩波新書/最新刊から

1913 **政治責任**
民主主義とのつき合い方
鵜飼健史 著
「政治に無責任はつきものだ」という諦念と政治不信が渦巻く中、現代社会における政治責任をめぐるもどかしさの根源を究明する。

1914 **土地は誰のものか**
―人口減少時代の所有と利用―
五十嵐敬喜 著
空き地・空き家問題は解決可能か。外国の制度も参照し、都市計画との連動や「現代総有」の考え方から土地政策を根本的に再考する。

1915 **検証 政治改革**
なぜ劣化を招いたのか
川上高志 著
平成期の政治改革は当初期待された効果を上げず、副作用ばかり目につくようになった。なぜこうなったのか。新しい政治改革を提言。

1916 **東京大空襲の戦後史**
栗原俊雄 著
苦難の戦後を生きざるを得なかった東京大空襲の被害者たち。彼ら彼女らの闘いの跡をたどり、「戦後」とは何であったのかを問う。

1917 **世界史の考え方**
シリーズ 歴史総合を学ぶ①
小川幸司
成田龍一 編
世界史の歴史家たちと近現代史の名著を紐解き、近現代史の歴史像を考える歴史対話を試みる。高校の新科目が現代の教養に代わる。

1920 **タリバン台頭**
―混迷のアフガニスタン現代史―
青木健太 著
なぜ「テロとの戦い」の「敵」だったタリバンによる政権掌握が支持されたのか。タリバンは変わったのか。現代世界の矛盾を解く。

1921 **ドキュメント〈アメリカ世《ゆー》〉の沖縄**
宮城修 著
施政権返還から五〇年。「沖縄戦後新聞」をもとに、日米琉の視点と三人の政治家の歩みを重ねてたどる、〝もう一つの現代史〟。

1922 **人新世の科学**
―ニュー・エコロジーがひらく地平―
オズワルド・シュミッツ 著
日浦勉 訳
社会経済のレジリエンスを高めるには、人間と自然を一体として捉えなければならない。自然の思慮深い管財人となるための必読書。

(2022. 4)

## 岩波新書より

### 社会

|  |  |
|---|---|
| ジョブ型雇用社会とは何か | 濱口桂一郎 |
| 法医学者の使命 「人の死を生かす」ために | 吉田謙一 |
| 異文化コミュニケーション学 | 鳥飼玖美子 |
| モダン語の世界へ | 山室信一 |
| 時代を撃つノンフィクション100 | 佐高信 |
| 労働組合とは何か | 木下武男 |
| プライバシーという権利 | 宮下紘 |
| 地域衰退 | 宮﨑雅人 |
| 江戸問答 | 田中優子・松岡正剛 |
| 広島平和記念資料館は問いかける | 志賀賢治 |
| コロナ後の世界を生きる | 村上陽一郎編 |
| リスクの正体 | 神里達博 |
| 紫外線の社会史 | 金凡性 |
| 「勤労青年」の教養文化史 | 福間良明 |
| 5G 次世代移動通信規格の可能性 | 森川博之 |
| 客室乗務員の誕生 | 山口誠 |
| 「孤独な育児」のない社会へ | 榊原智子 |
| 放送の自由 | 川端和治 |
| 社会保障再考 〈地域〉で支える | 菊池馨実 |
| 生きのびるマンション | 山岡淳一郎 |
| 虐待死 なぜ起きるのか、どう防ぐか | 川﨑二三彦 |
| 平成時代 | 吉見俊哉 |
| バブル経済事件の深層 | 奥山俊宏・村山治 |
| 日本をどのような国にするか | 丹羽宇一郎 |
| なぜ働き続けられない？ 社会と自分の力学 | 鹿嶋敬 |
| 物流危機は終わらない | 首藤若菜 |
| 認知症フレンドリー社会 | 徳田雄人 |
| アナキズム 一丸となってバラバラに生きろ | 栗原康 |
| まちづくり都市 金沢 | 山出保 |
| 総介護社会 | 小竹雅子 |
| 賢い患者 | 山口育子 |
| 住まいで「老活」 | 安楽玲子 |
| 現代社会はどこに向かうか | 見田宗介 |
| EVと自動運転 クルマをどう変えるか | 鶴原吉郎 |
| ルポ 保育格差 | 小林美希 |
| 棋士とAI | 王銘琬 |
| 科学者と軍事研究 | 池内了 |
| 原子力規制委員会 | 新藤宗幸 |
| 東電原発裁判 | 添田孝史 |
| 日本問答 | 田中優子・松岡正剛 |
| 日本の無戸籍者 | 井戸まさえ |
| 〈ひとり死〉時代のお葬式とお墓 | 小谷みどり |
| 町を住みこなす | 大月敏雄 |
| 歩く、見る、聞く 人びとの自然再生 | 宮内泰介 |
| 対話する社会へ | 暉峻淑子 |
| 悩みいろいろ | 金子勝 |
| 魚と日本人 食と職の経済学 | 濱田武士 |
| ルポ 貧困女子 | 飯島裕子 |

## 岩波新書より

# 法律

- 少年法入門　廣瀬健二
- 倒産法入門　伊藤　眞
- 国際人権入門　申　惠丰
- AIの時代と法　小塚荘一郎
- 労働法入門〔新版〕　水町勇一郎
- アメリカ人のみた日本の死刑　デイビッド・T・ジョンソン　笹倉香奈訳
- 虚偽自白を読み解く　浜田寿美男
- 親権と子ども　榊原富士子　池田清貴
- 裁判の非情と人情　原田國男
- 独占禁止法〔新版〕　村上政博
- 密着 最高裁のしごと　川名壮志
- 「法の支配」とは何か 行政法入門　大浜啓吉
- 会社法入門〔新版〕　神田秀樹
- 憲法への招待〔新版〕　渋谷秀樹
- 比較のなかの改憲論　辻村みよ子
- 大災害と法　津久井進

---

- 変革期の地方自治法　兼子　仁
- 原発訴訟　海渡雄一
- 民法改正を考える◆　大村敦志
- 労働法入門◆　水町勇一郎
- 人が人を裁くということ　小坂井敏晶
- 知的財産法入門　小泉直樹
- 消費者の権利〔新版〕　正田　彬
- 司法官僚 裁判所の権力者たち　新藤宗幸
- 名誉毀損　山田隆司
- 刑法入門　山口　厚
- 家族と法　二宮周平
- 会社法入門◆　神田秀樹
- 憲法とは何か　長谷部恭男
- 良心の自由と子どもたち　西原博史
- 著作権の考え方　岡本　薫
- 法とは何か〔新版〕　渡辺洋三
- 日本の憲法〔第三版〕　長谷川正安
- 憲法と天皇制　横田耕一
- 自由と国家　樋口陽一

---

- 憲法第九条　小林直樹
- 日本人の法意識　川島武宜
- 憲法講話◆　宮沢俊義

## 政治

- 「オピニオン」の政治思想史　堤林剣・堤林恵
- 戦後政治史〔第四版〕　石川真澄・山口二郎
- 尊厳　マイケル・ローゼン／内尾太一・峯陽一 訳
- デモクラシーの整理法　空井護
- 地方の論理　小磯修二
- SDGs　南博・稲場雅紀
- 暴君　スティーブン・グリーンブラット／河合祥一郎 訳
- ドキュメント 強権の経済政策　軽部謙介
- リベラル・デモクラシーの現在　樋口陽一
- 民主主義は終わるのか　山口二郎
- 女性のいない民主主義　前田健太郎
- 平成の終焉　原武史
- 日米安保体制史　吉次公介
- 官僚たちのアベノミクス　軽部謙介

- 在日米軍 変貌する日米安保体制　梅林宏道
- 矢内原忠雄 戦争と知識人の使命　赤江達也
- 憲法改正とは何だろうか　高見勝利
- 共生保障〈支え合い〉の戦略　宮本太郎
- シルバー・デモクラシー 戦後世代の覚悟と責任　寺島実郎
- 憲法と政治　青井未帆
- 18歳からの民主主義◆　岩波新書編集部編
- 検証 安倍イズム　柿崎明二
- 右傾化する日本政治　中野晃一
- 外交ドキュメント 歴史認識◆　服部龍二
- 日米〈核〉同盟 原爆、核の傘、フクシマ　太田昌克
- 集団的自衛権と安全保障　豊下楢彦・古関彰一
- 日本は戦争をするのか　半田滋
- アジア力の世紀　進藤榮一
- 民族紛争　月村太郎
- 自治体のエネルギー戦略　大野輝之
- 政治的思考　杉田敦

- 現代日本の政党デモクラシー　中北浩爾
- サイバー時代の戦争　谷口長世
- 現代中国の政治　唐亮
- 政権交代とは何だったのか◆　山口二郎
- 日本の国会　大山礼子
- 戦後政治史〔第三版〕　石川真澄・山口二郎
- 〈私〉時代のデモクラシー　宇野重規
- 大臣〔増補版〕　菅直人
- 生活保障 排除しない社会へ　宮本太郎
- 「戦地」派遣 変わる自衛隊　半田滋
- 民族とネイション　塩川伸明
- 昭和天皇　原武史
- 集団的自衛権とは何か　豊下楢彦
- 沖縄密約　西山太吉
- 吉田茂　原彬久
- 市民の政治学◆　篠原一
- 東京都政　佐々木信夫
- 有事法制批判　憲法再生フォーラム編

# 岩波新書新赤版一〇〇〇点に際して

ひとつの時代が終わったと言われて久しい。だが、その先にいかなる時代を展望するのか、私たちはその輪郭すら描きえていない。二〇世紀から持ち越した課題の多くは、未だ解決の緒を見つけることのできないままであり、二一世紀が新たに招きよせた問題も少なくない。グローバル資本主義の浸透、憎悪の連鎖、暴力の応酬――世界は混沌として深い不安の只中にある。

現代社会においては変化が常態となり、速さと新しさに絶対的な価値が与えられた。消費社会の深化と情報技術の革命は、種々の境界を無くし、人々の生活やコミュニケーションの様式を根底から変容させてきた。ライフスタイルは多様化し、一面では個人の生き方をそれぞれが選びとる時代が始まっている。同時に、新たな格差が生まれ、様々な次元での亀裂や分断が深まっている。社会や歴史に対する意識が揺らぎ、普遍的な理念に対する根本的な懐疑や、現実を変えることへの無力感がひそかに根を張りつつある。そして生きることに誰もが困難を覚える時代が到来している。

しかし、日常生活のそれぞれの場で、自由と民主主義を獲得し実践することを通じて、私たち自身がそうした閉塞を乗り超え、希望の時代の幕開けを告げてゆくことは不可能ではあるまい。そのために、いま求められていること――それは、個と個の間で開かれた対話を積み重ねながら、人間らしく生きることの条件について一人ひとりが粘り強く思考することではないか。その営みの糧となるものが、教養に外ならないと私たちは考える。歴史とは何か、よく生きるとはいかなることか、世界そして人間はどこへ向かうべきなのか――こうした根源的な問いとの格闘が、文化と知の厚みを作り出し、個人と社会を支える基盤としての教養となった。まさにそのような教養への道案内こそ、岩波新書が創刊以来、追求してきたことである。

岩波新書は、日中戦争下の一九三八年一一月に赤版として創刊された。創刊の辞は、道義の精神に則らない日本の行動を憂慮し、批判的精神と良心的行動の欠如を戒めつつ、現代人の現代的教養を刊行の目的とする、と謳っている。以後、青版、黄版、新赤版と装いを改めながら、合計二五〇〇点余りを世に問うてきた。そして、いままた新赤版が一〇〇〇点を迎えたのを機に、人間の理性と良心への信頼を再確認し、それに裏打ちされた文化を培っていく決意を込めて、新しい装丁のもとに再出発したいと思う。一冊一冊から吹き出す新風が一人でも多くの読者の許に届くこと、そして希望ある時代への想像力を豊かにかき立てることを切に願う。

（二〇〇六年四月）

デイビッド・T．ジョンソン（David T. Johnson）
ハワイ大学教授（社会学）．著書に『アメリカ人のみた日本の死刑』（岩波新書，2020年度守屋賞），『アメリカ人のみた日本の検察制度――日米の比較考察』（シュプリンガーフェアラーク東京）ほか

平山真理
白鷗大学法学部教授（刑事法）．『刑事政策がわかる（改訂版）』（共著，法律文化社）．『犯罪被害者と刑事司法〈シリーズ刑事司法を考える 第4巻〉』（共著，岩波書店）ほか

福来 寛
カリフォルニア大学サンタクルズ校教授（社会学）．『民事陪審裁判が日本を変える――沖縄に民事陪審裁判があった時代からの考察』（共編著，日本評論社）ほか

検察審査会
――日本の刑事司法を変えるか　　岩波新書（新赤版）1923

2022年4月20日　第1刷発行

著　者　デイビッド・T．ジョンソン
平山真理《ひらやままり》　福来《ふくらい》　寛《ひろし》

発行者　坂本政謙

発行所　株式会社 岩波書店
〒101-8002 東京都千代田区一ツ橋2-5-5
案内 03-5210-4000　営業部 03-5210-4111
https://www.iwanami.co.jp/

新書編集部 03-5210-4054
https://www.iwanami.co.jp/sin/

印刷・三陽社　カバー・半七印刷　製本・中永製本


ISBN 978-4-00-431923-8　　Printed in Japan

# 注

## 第 1 章

1 David T. Johnson, *The Japanese Way of Justice: Prosecuting Crime in Japan*(Oxford, 2002), p. 230; and Murai Toshikuni and Muraoka Keiichi, “Order in the Court: Explaining Japan’s 99.9% Conviction Rate”, January 18, 2019, at https://www.nippon.com/en/japan-topics/c05401/order-in-the-court-explaining-japan%E2%80%99s-99-9-conviction-rate.html.

2 Herbert L. Packer, *The Limits of the Criminal Sanction*(Stanford, 1968).

3 高野隆『人質司法』(角川新書，2021).

4 最近の刑事司法改革の成果をまとめたものとしては次を参照. David T. Johnson and Dimitri Vanoverbeke, “The Limits of Change in Japanese Criminal Justice”, *Journal of Japanese Law*, Vol. 25, No. 49(2020), pp. 109–165.

5 早くから検察審査会についての研究を行っていたのは刑事訴訟法学者の三井誠氏(神戸大学名誉教授)であり，同氏の諸研究はわが国における検察審査会制度についての研究の発展のうえで大きな役割を果たしている．三井誠「検察審査会制度の現状と課題」『法律時報』50 巻 9 号(1979)等．また，裁判員制度・刑事検討会の委員として裁判員制度や検察審査会制度の設計に携わった四宮啓氏(國學院大學教授，弁護士)も検察審査会制度の発展のために多くの提言を行ってきた．四宮啓「古稀を迎えた検察審査会制度」『學會報』(日本法社会学会ニュースレター)No. 111(2019 年 1 月 1 日発行)等．さらに，川﨑英明氏(関西学院大学名誉教授)による刺激的なタイトルの論文「検察審査会ははりきりすぎか」(後藤昭編『刑事司法を担う人々』(岩波書店，2017)は，強制起訴制度の意義と課題を論じる重要な論稿である．

6 この表現は，マックス・ヴェーバーが 1919 年にミュンヘンで行った講義「職業としての政治」から来ている(脇圭平訳『職業としての政治』岩波文庫，2020).

7 David Alan Sklansky, “The Problems with Prosecutors”, *Annual Review of Criminology*, Vol. 1(2018), pp. 451–469.

8 Setsuo Miyazawa, "An Unbalanced Adversary System - Issues, Policies, and Practices in Japan, in Context and in Comparative Perspective", in Malcolm M. Feeley and Setsuo Miyazawa, editors, *The Japanese Adversary System in Context: Controversies and Comparisons* (Palgrave Macmillan, 2002), pp. 1–11.

9 David Alan Sklansky, "The Nature and Function of Prosecutorial Power", *Journal of Criminal Law & Criminology*, Vol. 106, No. 3 (2017), pp. 473–520.

10 日本経済新聞「安田弁護士「私は無実」強制執行妨害ほう助罪確定でコメント」2011年12月9日.

11 Kenneth Culp Davis, *Discretionary Justice: A Preliminary Inquiry* (University of Illinois, 1969), p. 188.

12 David Alan Sklansky, "The Nature and Function of Prosecutorial Power", *Journal of Criminal Law & Criminology*, Vol. 106 (2017), p. 505.

13 Masato Shimizu, "Japanese Prosecutors and Politicians Keep Up a Delicate Balance," *Nikkei Asia*, May 30, 2020.

14 David T. Johnson, 前掲注1, pp. 222–224.

15 Ronald F. Wright and Marc L. Miller, "The Worldwide Accountability Deficit for Prosecutors", *Washington & Lee Law Review*, Vol. 67, Issue 4 (2010), p. 1600.

16 "21 Principles for the 21st Century Prosecutor", *Brennan Center for Justice*, 2018, pp. 1–32, at https://www.brennancenter.org/sites/default/files/2019-08/Report_21st_century_prosecutor.pdf.

17 David Alan Sklansky, "The Problems with Prosecutors", *Annual Review of Criminology*, Vol. 1 (2018), p. 461.

18 前掲注12, p. 513.

19 Erik Herber, *Lay and Expert Contributions to Japanese Criminal Justice* (Routledge, 2019), p. 126.

20 同上, pp. 115–126; Kent Roach, "Four Models of the Criminal Process", *Journal of Criminal Law & Criminology*, Vol. 89, Issue 2 (Winter 1999), pp. 671–716.

21 調査結果は,「男女間における暴力に関する調査」(令和2年度調査)(https://www.gender.go.jp/policy/no_violence/e-vaw/chousa/pdf/r02/r02danjokan-7.pdf)にまとめられている.

22 David T. Johnson and Dimitri Vanoverbeke, "The Limits of

Change in Japanese Criminal Justice", *Journal of Japanese Law*, Vol. 25, No. 49(2020), p. 145.
23 Paul Starr, "Cultures of Impunity", *The American Prospect*, July 24, 2015, at https://prospect.org/labor/cultures-impunity/.
24 Sarah Chayes, *Thieves of State: Why Corruption Threatens Global Security*(W. W. Norton & Co., 2015).
25 落合博実「「裏帳簿」「内部告発」「対策マニュアル」の3点セットで攻めろ」寺澤有編『おまわりさんは税金ドロボウ』(メディアワークス，1998)．「この国の官僚機構は税金の取り立てにはかくも念入りなのに，公金の不正には至って寛大なのだ．……犯罪捜査機関の警察の不正経理は，さしずめ「重罪の中の重罪」ということになる．だが，こういう考え方は検察庁には通じないようだ」と落合氏は述べてもいる．
26 立花隆『巨悪 vs 言論』(文藝春秋，1993)．
27 Fumie Kumagai and Masako Ishii-Kuntz, editors, *Family Violence in Japan: A Life Course Perspective*(Springer, 2016).
28 伊藤詩織『Black Box』(文藝春秋，2017)．*Black Box: The Memoir That Sparked Japan's MeToo Movement*(The Feminist Press at CUNY, 2021).
29 David Alan Sklansky, "Unpacking the Relationship between Prosecutors and Democracy in the United States", in Maximo Langer and David Alan Sklansky, editors, *Prosecutors and Democracy: A Cross-National Study*(Cambridge University Press, 2017), p. 276.
30 Maximo Langer and David Alan Sklansky, "Epilogue: Prosecutors and Democracy - Themes and Counterthemes", in Maximo Langer and David Alan Sklanky, editors, *Prosecutors and Democracy: A Cross-National Study*(Cambridge University Press, 2017), p. 301.
31 David Garland, "What's Wrong with Penal Populism? Politics, the Public, and Criminological Expertise," *Asian Journal of Criminology*, Vol. 16(2021), p. 268.
32 Isaiah Berlin, *The Crooked Timber of Humanity*(Princeton University Press, 2013).

**第2章**

1 平山真理「検察審査会の強制起訴制度施行後11年と今後の展望を考える」『法と政治』Vol. 71, No. 2(2020)．

2 John W. Dower, *Embracing Defeat: Japan in the Wake of World War II*(W. W. Norton & Company, 1999), p. 28.

3 Mark D. West, "Prosecution Review Commissions: Japan's Answer to the Problem of Prosecutorial Discretion," *Columbia Law Review*, Vol. 92, No. 3(April 1992), p. 695.

4 最高裁判所事務総局刑事局監修『検察審査会五十年史』(法曹会 1998), pp. 163–164.

5 佐藤藤佐，松尾浩也，利谷信義「座談会・検察審査会法制定の頃・佐藤藤佐氏に聞く」『法律時報』第 50 巻 9 号(1978 年)30–39 頁；三井誠「検察審査会制度の現状」『現代刑事報』第 69 号(2005 年)82 頁；Mark D. West, "Prosecution Review Commissions: Japan's Answer to the Problem of Prosecutorial Discretion," *Columbia Law Review*, Vol. 92(1992), p. 694. また，GHQ 司法顧問のアルフレッド・オプラーはこの検察審査会法ができた後で日本政府による廃止の圧力がかかり，最高裁事務局から彼の事務所のところへ存続の援助を求めてきたと述べていることにも注目すべきである．Alfred C. Oppler, *Legal Reform in Occupied Japan*(Princeton University Press, 1976), p. 227.

6 Hiroshi Fukurai, "People's Panels vs. Imperial Hegemony: Japan's Twin Lay Justice Systems and the Future of American Military Bases in Japan," *Asian-Pacific Law & Policy Journal*, Vol. 12, No. 1(2010), pp. 95–142.

7 Fukurai, Hiroshi, "The Rebirth of Japan's Petit Quasi-Jury and Grand Jury Systems: A Cross-National Analysis of Legal Consciousness and the Lay Participatory Experience in Japan and the U. S.," *Cornell International Law Journal*: Vol. 40, No. 2(Spring, 2007), pp. 315–354.

8 検察審査会法 12 条の 4，12 条の 5 を参照．https://elaws.e-gov.go.jp/document?lawid=323AC0000000147_20180601_428AC0000000054

9 日弁連は法律顧問(指定弁護士)向けのマニュアルを作成している．「検察審査会における審査補助員，指定弁護士のためのマニュアル」(2017 年).

10 西村健「日本の検察審査会の意義といくつかの問題点」アジア法社会学会第 4 回学術大会での発表論文(大阪，2019 年 12 月 13 日).

11 Carl F. Goodman, "Prosecution Review Commissions, the Public Interest, and the Rights of the Accused: The Need for a 'Grown-Up'

in the Room," *Washington International Law Journal*, Vol. 22, No. 1 (2013), p. 15. この項の残りの部分の議論は，検察審査会と米国大陪審を比較したグッドマンの明快な記述に依拠している．

12 Robert H. Jackson, "The Federal Prosecutor," *Journal of the American Judicature Society*, Vol. 24 (June 1940), pp. 18–20.

13 Carl F. Goodman, "Prosecution Review Commissions, the Public Interest, and the Rights of the Accused: The Need for a 'Grown-Up' in the Room," *Washington International Law Journal*, Vol. 22, No. 1 (2013), pp. 20–21.

14 Carl F. Goodman, "The Prosecution Review Commission Process - Historical Analysis and Some Suggestions for Change," *Hastings Journal of Crime and Punishment*, Vol. 1, No. 3 (2020), pp. 367–394.

**第3章**

1 Hiroshi Fukurai, "Japan's Quasi-Jury and Grand Jury Systems as Deliberative Agents of Social Change: De-Colonial Strategies and Deliberative Participatory Democracy," *Chicago-Kent Law Review*, Vol. 86, Issue 2 (2011), pp. 789–829; "Japan's Prosecutorial Review Commissions: Lay Oversight of the Government's Discretion of Prosecution," *University of Pennsylvania East Asia Law Review*, Vol. 6 (Summer 2011), pp. 1–42.

2 David T. Johnson and Mari Hirayama, "Japan's Reformed Prosecution Review Commission: Changes, Challenges, and Lessons," *Asian Journal of Criminology*, Vol. 14, Issue 2 (June 2019), pp. 77–102; and Stacey Steele, Carol Lawson, Mari Hirayama, and David T. Johnson, "Lay Participation in Japanese Criminal Justice: Prosecution Review Commissions, the Lay-Judge System, and Penal Institution Visitation Committees," *Asian Journal of Law & Society*, Vol. 7, Issue 1 (February 2020), pp. 159–189.

3 Kent Anderson and Mark Nolan, "Lay Participation in the Japanese Justice System: A Few Preliminary Thoughts Regarding the Lay Assessor System (*Saiban-in Seido*) from Domestic, Historical, and International Psychological Perspectives", *Vanderbilt Journal of Transnational Law*, Vol. 37 (2004), pp. 935–992.

4 John W. Dower, *Embracing Defeat: Japan in the Wake of World War II* (Penguin, 2000), pp. 439～440, 561.

5　佐伯昌彦『犯罪被害者の司法参加と量刑』(東京大学出版会, 2016); David T. Johnson, "Changes and Challenges in Japanese Criminal Justice," in Daniel H. Foote, editor, *Law in Japan: Into the Twenty-First Century*(University of Washington, 2007), pp. 343–383.
6　検察審査会法改正の議論の中で, 検察官の当初の不起訴理由が「起訴猶予」であった場合に限り, 強制起訴の対象とすべきだという意見もあった. しかし, その改正案では起訴すべきかどうかの検察官の判断をそもそも信用し過ぎることにならないかとの理由で, この提案は実現しなかった.
7　Daniel H. Foote, "The Benevolent Paternalism of Japanese Criminal Justice," *California Law Review*, Vol. 80, No. 2(March 1992), pp. 317–390.
8　Jacob Schlesinger, *Shadow Shoguns: The Rise and Fall of Japan's Postwar Political Machine*(Simon & Schuster, 1997), p. 250.
9　佐藤氏執筆のこの記事は, 1992年9月29日付の朝日新聞15面「論壇」に「検察の役割とは何か」として自身の写真入り記事で掲載され, その抜粋はニューヨーク・タイムズ紙で "Can Japanese Politics Be Purified? No Breaks for Big Shots"(「日本の政治は浄化できるか. 大物たちにお目こぼしは必要なし」1992年10月10日付)として英訳された. 本書の第一筆者は, 1993年から94年にかけて一部の検察官が「佐藤氏は, 自分が検察組織で出世できないことを知っていたからこそ, 自由な気持ちでこの批判的なエッセイを書いたのではないか」と語ったことを聞いた. 佐藤氏は, 1991年から95年まで札幌高検検事長を務め, 1995年に参議院議員に当選した. 2007年に政界を引退し, 2009年に76歳で死去した.
10　David T. Johnson, 2002, pp. 138–140.
11　Jacob Schlesinger, *Shadow Shoguns: The Rise and Fall of Japan's Postwar Political Machine*(Simon & Schuster, 1997), p. 88.

**第4章**

1　朝日新聞「いちからわかる!　検察審査会」2010年10月5日.
2　松宮孝明「過失犯の共同正犯・明石歩道橋事故強制起訴事件上告審決定」『法学セミナー』743号(2016)123頁.
3　人間社会における法の古典的な理論的説明としては, Donald Black, *The Behavior of Law*(Academic Press, 1976), pp. 21–30がある. 日本社会における法の大きな格差については, David T. John-

son「蜘蛛の巣に象徴される日本法の特色」(田中開訳)『ジュリスト』1148 号(1999), pp. 185–189;「日本の「蜘蛛の巣」司法と検察の活動」(平山真理訳),『刑事司法を担う人々』, pp. 29–51.

4 日本経済新聞 2012 年 3 月 13 日夕刊 15 面.

5 John Braithwaite and Gilbert Geis, "On Theory and Action for Corporate Crime Control," *Crime & Delinquency*, April 1982, p. 292–314.

6 朝日新聞「民主・小沢氏告発」2010 年 10 月 6 日.

7 "Prosecutor Botched Ozawa Case Report," *The Daily Yomiuri*, December 17, 2011, p. 1.

8 David T. Johnson, "Japan's Prosecution System," in Michael Tonry, editor, Volume 41 of *Crime and Justice: A Review of Research* (University of Chicago Press, 2012), p. 63.

9 郷原信郎・森炎『虚構の法治国家』(講談社, 2015).

10 Minoru Matsutani, "Yanagida Won't Meddle with Prosecutors," *Japan Times*, October 9, 2010.「(新閣僚に聞く)柳田稔法相 検察審制度, 当面見守る」朝日新聞 2010 年 10 月 8 日朝刊 4 面.

11 『週刊朝日』2012 年 9 月 21 日号.

12 内田良「学校柔道 121 件目の死亡事故 中上級者の頸部事故に向き合う」Yahoo Japan ニュース 2016 年 5 月 16 日 https://news.yahoo.co.jp/byline/ryouchida/20160516-00057737.

13 "Judo in Japan: Getting Unwanted Scrutiny for Abuse, Violence," *Associated Press*, October 9, 2020.

14 毎日新聞(地方版/長野)2013 年 3 月 8 日, 朝刊 25 面.

15 Alan Dershowitz, *Rights from Wrongs: A Secular Theory of the Origins of Rights* (Basic Books, 2009).

16 *The Mainichi*, "48% Victims of Road Rage, Only 2% Told Police: Central Japan Police Survey," September 10, 2020.

17 福島原発告訴団「9 月 13 日緊急集会開催・どうして不起訴? どうして移送? 納得できないみなさん・13 日東京弁護士会へ」2013 年 9 月 12 日, http://kokuso-fukusimagenpatu.blogspot.com/2013/.

18 明石昇二郎「福島原発告訴団, 検察の姿勢問う——検察審査会に異議申し立て」『週刊金曜日』オンライン, 2013 年 12 月 11 日. 福島地検から東京地検への移送に関する議論については次の資料を参照. David T. Johnson, Hiroshi Fukurai, and Mari Hirayama, "Reflec-

tions on the TEPCO Trial: Prosecution and Acquittal after Japan's Nuclear Meltdown," *The Asia-Pacific Journal/Japan Focus*, Vol. 18, Issue 2, No. 1 (January 15, 2020), pp. 1–35, at https://apjjf.org/2020/2/Johnson.html.

19 この裁判については，NHK がすべての公判を取材した，「東電刑事裁判「原発事故の真相は」」が重要な資料となっている．次の URL を参照，https://www3.nhk.or.jp/news/special/toudensaiban/.

20 「組織犯罪」はさらに，企業犯罪，国家企業犯罪，国家犯罪に分けられる．James William Coleman, *The Criminal Elite: Understanding White-Collar Crime* (Worth Publishers, 6th edition, 2006), p. 11.

21 Hiroshi Fukurai, "Japan's Prosecutorial Review Commissions: Lay Oversight of the Government's Discretion of Prosecution," *East Asian Law Review*, Vol. 6, No. 1 (2011), pp. 1–42.

22 Yoko Inoue & Ken Iguchi, "Report Slams JR West's Corporate Culture," *Daily Yomiuri*, November 20, 2009, at 3.

23 David Garland, *Punishment and Modern Society: A Study in Social Theory* (University of Chicago, 1990), p. 252.

**第 5 章**

1 この事件の説明については，英語，フランス語，スペイン語，中国語に翻訳されている伊藤詩織氏の手記『Black Box』と，Japan Focus/Asia-Pacific Journal に掲載された David McNeill による，以下の二本の論稿をもとに執筆した．"Murder of the Soul: Shiori and Rape in Japan" (2017 年 8 月 1 日号) and "Justice Postponed: Ito Shiori and Rape in Japan" (2018 年 8 月 1 日号).

2 Motoko Rich, "She Broke Japan's Silence on Rape," *New York Times*, December 29, 2017, at https://www.nytimes.com/2017/12/29/world/asia/japan-rape.html. また，この伊藤氏のケースについては，BBC のドキュメンタリー TV 番組「日本の秘めたる恥」("Japan's Secret Shame") もあり，これは 2017 年 6 月 28 日に日本でも放映された．

3 『Black Box』, pp. 161–162.

4 UN Women (2021), "Facts and Figures: Ending Violence against Women," https://www.unwomen.org/en/what-we-do/ending-violence-against-women/facts-and-figures.

5 Barbara Bradley Hagerty, "An Epidemic of Disbelief," *The Atlantic*,

August 2019, at https://www.theatlantic.com/magazine/archive/2019/08/an-epidemic-of-disbelief/592807/.

6 "Many Rape Cases Continue to Be Dropped in New York," *Honolulu Star Advertiser*, July 19, 2021, p. A4. アメリカ人に，「2018年における自国最悪の人物」を挙げてもらったら，おそらく性犯罪で逮捕されたジェフリー・エプスタインが上位にランクインしたであろう．エプスタインの不起訴や，検察官がエプスタインと結んだ司法取引については Julie K. Brown, *Perversion of Justice: The Jeffrey Epstein Story*（Dey Street/William Morrow, 2021）を参照．

7 Melinda Wenner Moyer, "'A Poison in the System': The Epidemic of Military Sexual Assault," *New York Times Magazine*, August 3, 2021.

8 Malcolm Feeley, *Court Reform on Trial: Why Simple Solutions Fail*（Basic Books, 1983）.

9 Donald Black, *The Behavior of Law*（Academic Press, 1976）, p. 21.

10 2章注7の Fukurai, 2007 参照．

11 小沢一郎氏のケースについては第4章で述べた．森ゆうこ『検察の罠——小沢一郎抹殺計画の真相』（日本文芸社，2012）を参照．

12 上野勝・山田悦子編著『甲山事件——えん罪のつくられ方』（現代人文社，2008）．

13 Herbert Packer, *The Limits of the Criminal Sanction*（Stanford University Press, 1968）, p. 296.

14 Malcolm M. Feeley と宮澤節生の編著，*The Japanese Adversary System in Context: Controversies and Comparisons*（Palgrave Macmillan, 2002）における宮澤節生，ダニエル・H・フット，高野隆それぞれの執筆の章を参照．

15 日本弁護士連合会（1976）「検察審査会制度の改正案——その充実・強化を目指して」．

16 2章注7参照．

17 Mark D. West, "Prosecution Review Commissions: Japan's Answer to the Problem of Prosecutorial Discretion," *Columbia Law Review*, Vol. 92, No. 3（April 1992）, p. 719.

18 David T. Johnson, "The Organization of Prosecution and the Possibility of Order," *Law & Society Review*, Vol. 32, No. 3（1998）, pp. 247–308.